U0067191

序

　　行政與政策對於園長、老師、家長及教學的影響至深，更攸關幼兒受教品質，因此，一直是筆者關注之焦點。目前台灣幼兒教育與保育的政策正朝向幼托合一及義務教育向下延伸一年的方向規劃，在政策決策過程中對於幼托之分與合、義務教育起始年齡是否向下延伸一年，爭議不斷。所謂「他山之石，得以攻錯」，因此，參考他國經驗是有其必要性的。本書介紹的 11 個國家，雖然因不同國情及文化會制訂不同的政策，然而異中有同，各國之共同點可供我國政策制訂時之參考，相異點更是我國在處理政策「本土化」時應該借鏡之處。

　　本書主要參考資料為 OECD（Organisation for Economic Cooperation and Development）於 1998 年組成評鑑小組（review committee），對於自願參與的會員國之幼兒教育與保育政策制訂進行主題式的調查。參與會員國需要依據相同的架構對於該國之背景、幼兒教育與保育機構以及政策等主題，提出一份背景報告（Background Report），之後再由 OECD 所組成的評鑑小組在訪視過後，提出國家筆記（Country Note），歷時三年完成了各國的報告。最後由 OECD 總秘書處統整並整理出總報告。

　　本書架構係參考 OECD 報告中之共同架構，並依照我國需求加以調整，形成了本書的樣貌。也就是在介紹各國之幼兒教育與保育時，會分「生態與環境背景」、「幼兒教育與保育發展源流」、「幼兒教育與保育組織、政策與法規」、「課程與教學」、「議題」等大項進行介紹與討論。本書的特色在於從各國的生態及文化脈絡中瞭解幼兒教育與保育政策的形成，例如：社會對於

兒童的看法會影響到國家對於幼兒的照顧。本書另一個特色就是每一國家介紹後之議題討論，在完整瞭解各國的生態及文化脈絡對幼兒教育與保育政策的影響後，各國依然會產生出相似或不同之議題，值得我國引以為惕。

藉由跨國之介紹，我們可發覺國內爭論不休之幼托整合議題，並非僅有單一發展的可能性。在國際潮流上分合皆有之，而在分與合之主管權責究竟該歸教育系統或是保育系統，在國際間尚無定論，由此更是可以發現各國生態對於幼兒教育與保育政策形成之影響。本書在撰寫過程中遇到最大的困難是語言限制，因此造成十一個國家的介紹中，各國資料豐富程度不一，及部分名詞翻譯的困難。筆者原希冀也能對於與我國風俗文化與地理位置相近的亞洲國家進行介紹，在時間與心力都有限的情況下，此目標能成為未來努力的方向。

本書得以順利出版要感謝博士班學生柳嘉敏、碩士班學生呂珮菁、李昭明、翁嘉伶、李映萱、黃伊瑩、廖曉君、林璟、李忻蒨及徐千惠的貢獻；愛彌兒幼教機構高琇嬅董事長及心理出版社許麗玉經理的鼎力支持，將本書付梓印刷。書中內容如有疏漏及錯誤，期望先進及學者專家，不吝指正。幼兒教育與保育的政策是一個需要學界有更多人投入心力的領域，希望以本書為引，達拋磚引玉之效。

簡楚瑛

國立政治大學　幼兒教育研究所
民國九十二年六月

目錄

《表次》

作者簡介

簡楚瑛

學歷	國立政治大學教育研究所博士
經歷	台灣省國民學校教師研習會助理副研究員
	國立台南師範學院幼教系副教授
	國立新竹師範學院幼教系教授
現任	國立政治大學幼兒教育研究所教授兼所長
著作	幼兒‧親職‧教育　　　　（民 77）文景出版社
	方案課程之理論與實務：
	兼談義大利瑞吉歐學前教育系統
	（民 83）文景出版社
	幼稚園班級經營　　　　　（民 85）文景出版社
	方案教學之理論與實務　　（民 90）文景出版社
	幼教課程模式（第二版）（民 92）心理出版社

Chapter 1 挪威

壹、生態與環境背景

一、人口背景

挪威總人口約 450 萬，人口密度約每平方公里 13 人，為歐陸國家最低（除了蘇聯之外）。

0-15 歲兒童的比例從 1960 年總人口的 26％，降至 1996 年的 20％。與歐洲其他 15 國的平均生育率（1.5）相比，挪威的生育率（1.89）算是高的。又如同其他歐洲國家，挪威婦女生育年齡越來越晚，從 1980 年 26.9 歲延後到 1995 年的 28.9 歲。

挪威為多元社會，因經濟政治等因素而有外來人口，新的少數族群佔了總人口的 3％，原住民沙米人大約 75,000 人，佔總人口 2％，大多數沙米人居住在國家的北方。幼稚園架構計畫（Framework Plan for Barnehager）規定，在沙米學區應以沙米語及沙米文化為基礎。

文化、民族及語言方面的少數族群多處於經濟與社會不利情形，失業率高，多倚賴社會福利，幼兒沒有合法權利進入幼稚園就讀，但中央政府會補助針對該族群提供服務的幼稚園，使他們可僱請雙語助理。對於新來的難民，中央政府也資助他們就讀幼稚園，時間為每週 18 小時，共 8 個月，但入學率仍不高。

二、社會背景

挪威政府有三個層級：國家政府—首相及 16 部門；19 個郡，由政府任命郡長及 439 個地方政府。地方政府負責基礎健康、老人及幼兒的社會福利、幼兒教育、國小及國中的服務，國中以上的教育、部分醫療及特殊服務則由郡層級單位負責。

在兩性平權的議題上，在挪威社會中以推動相當多的平等運動，但尚未達到到完全平等。除了婦女在職業和教育方面有所改善外，在政治上也漸具代表性。1998 年，47％的內閣官員，36％的國會議員，及 33 ％ 的地方政治家都是為女性。即便如此，男女在薪資上還是無法達到同等，因為女性從事全職工作者較男性少。1979 年通過兩性平等法案（Gender Equality Act），同時也設立兩性平權督察使（Gender Equality Ombudsman）及兩性平權裁決會（Gender Equality Appeals Board）。在工作時間的比例上，男性花費 70％的時間在有薪給的工作上，至於家事及照顧孩子等無薪給的工作，僅佔男性工作時間的 30％，女性則為 58％。

家庭型態方面，挪威在 1995 年非婚生子女比例高達
48％，爲歐盟之兩倍，而與北歐國家相同，這個比例僅
只是同居家庭，還不包括單親家庭。在 1997 年，挪威約
有 22％的單親家庭，單親母親占 19％，而單親父親占 2.
5％。這個比例爲北歐國家最高，僅略低於英國的 23％。

三、經濟背景

挪威生活的高經濟標準爲北歐各國中最高。該國國民
生產毛額（GDP）爲 36,020 美元，只有瑞士、盧森堡和
日本高於挪威。

另外，0-17 歲的挪威孩子只有 4.4％是生活在貧困之
中，整體貧窮人口有 8％，其中，最貧窮的族群，18-25
歲占 17.7％，75 歲以上者佔 31％。孩子的貧窮率低可歸
因爲：稅金和現金補助系統具有重新分配效果，若在繳稅
前，貧困幼兒的比例可高達 13.3％。另一方面，挪威 4.9
％的低失業率及家長的高就業率使得收入增加，1996 年
爲育有子女的家庭收入爲 375,000 NOK（約合新台幣
1,860,000 元）。

挪威的婦女就業率爲 74％，高於歐盟的 57％，及
OECD 會員國平均的 59％。在 1965 年約有 90％育有年
幼子女的母親沒有工作，現在情形正好相反，挪威母親的
就業率提高，從表 1-1 中可看出，孩子年紀越大，母親工
作的比例越高。

表1-1 挪威母親就業狀況

	育一個有三歲以下幼兒	最小孩子為3-6歲	最小孩子為七歲以上
母親就業率	72%	77%	80%

　　挪威婦女就業年齡從 25 到 64 歲，工作生涯共約 29 年，OECD 成員國婦女工作生涯約 16-22 年不等，瑞典婦女一生則有 32.5 年在工作。相對來看，挪威與瑞典婦女在工作職場的時間較其他 OECD 國家多出 7-16.5 年。

　　同樣在 25-64 歲間，挪威父親比母親多花四年工作。在所有年齡層（16-74 歲）的挪威男人仍比女人有更高的就業率（73％與63％之差），但其間差距日漸縮小。在工作時數上，超過89％的就業男性每週需工作 37 小時以上，而女性工作 37 小時以上者僅有 46％，男性明顯比女性從事較長工作時數。

　　造成挪威婦女之高就業率原因可能有二：第一，挪威服務業約佔有 72％。較多挪威婦女投入於服務業甚於製造業。第二，挪威婦女的教育水準提高，在年輕族群裡更甚於男性。 1995 年, 59％專科學生及 53％大學學生為女性。接受較高教育（高中以上）的婦女，在 25-64 歲期間，在職場花了 35 年的時間，而教育程度只到中學者，投入職場則約 21 年。

貳、幼兒教育與保育發展源流

　　1997年後義務教育入學年齡由7歲向下延伸至6歲，幼兒教育與保育服務主要的對象為0-6歲幼兒，由幼稚園負責。幼稚園涵蓋以往的兩個系統： 一為教育導向的幼稚園，意即「兒童的花園」（children's garden），受福祿貝爾理念的影響，在19世紀末才出現於挪威，這類幼稚園多吸引中產階級家庭。 二為托兒之家（d a y home），其前身為托兒所（children's asylum）， 1837年於特倫漢（Trondheim）首次出現，目的為提供勞工階層貧窮家庭之托育需要。

　　1953年，首度立法包含前述的兩種幼兒教育與保育機構（幼稚園與托兒之家）。 1963年，國家首次補助幼兒教育與保育， 1975年，將二種幼托機構整合為一，成為今日的幼稚園，具有整合教保的角色。 1995年，幼稚園法案（Barnehager Act）提出幼稚園的首要目標在於提供學齡前幼兒發展及活動的良好機會。

　　在1970年之前幼稚園的數量成長非常緩慢，之後才進展迅速。 1970年約有5％3歲和4歲的幼兒進入幼稚園， 3歲以下幼兒則僅有1％參加。 1985年7歲以下幼兒進入幼稚園的比例約有28％。到了1990年代，幼稚園成長最為快速， 1993至1997年1-5歲幼兒入學率從47％成長到60％，過去十年間，出生率與入園率都有上升。

1995 年通過的幼稚園法案，規範了人員的配置，例如：師生比。一位老師最多只能照顧 14-18 位三歲以上幼兒，三歲以下的幼兒則只能有 7-9 位。若孩子每日上學時間超過 6 小時，負責的園長及老師需具有合格教師資格。這樣的作法提供地方當局及個別機構相當大的彈性處理權。例如：爲了確定全部職員比例和不具合格資格的人員分發上，需注意到配合當地需要和條件的可能性。

1996 由兒童與家庭事務部提出「幼稚園架構計畫」（Framework Plan for Barnehage），目標在提供幼稚園工作人員和委員會一個架構，藉以計畫、執行和評價他們的機構，爲幼稚園設定目標，並針對每日社交互動的品質訂定標準。然而，在提出目標及設定預期結果時，這個法案也同時掙扎著避免設定過於複雜的準則以給予地方有自由去適應和變化。

參、幼兒教育與保育組織、政策及法規

一、幼兒教育與保育現況

1997 年教育改革將義務教育年齡由 7 歲降至 6 歲，這樣的轉變造成三個結果。首先，原先由 6 歲幼兒佔據的幼稚園名額，現可提供 3 歲以下幼兒使用。第二，6 歲幼兒的學習經驗由原先的幼稚園，轉換至小學與課後班的混合。第三，學校教育的初期轉變，因爲改革使得幼稚園與學校的傳統結合。

從表 1-2 中可看出，幼兒入學率隨著幼兒年齡增加，

因為挪威有完善的育嬰假（詳見以下「相關政策」部分），
所以 1 歲以下入學的幼兒比例甚低。

表 1-2　挪威不同年齡層幼兒之幼稚園入學率

幼兒年齡	入學率
1 歲以下入學者	3%
1 歲入學者	31%
2 歲入學者	49%
3 歲入學者	68%
3-4 歲入學者	74%
5 歲入學者	77%

　　入學率也依孩子所住區域有很大的差別。這些差別可
能因為經濟及地方政策而有所差別。挪威政府的目標是，
在 2000 年，應該有全時或部分時段的幼稚園提供有需求
的家長所用。

表 1-3　挪威幼兒每週上學時數對照表

幼兒比例	每週時數
6%	15 小時（平均到校半天或更少）
28%	16-30 小時
67%	31 小時以上（其中更有 90% 的幼兒每週超過 40 小時）

　　表 1-3 顯示出三分之二的幼兒每週待在學校超過 31
小時，這個族群以 3 歲以下幼兒居多（佔 72%），3-5 歲
者則有 64%。

師生比方面，0-3 歲幼兒的師生比爲 1：7-1：9，3-6 歲幼兒的師生比則爲 1：14- 1：18。

二、主管機構

1990 年起，幼稚園由兒童與家庭事務部（Ministry of Children and Family Affairs，簡稱 BFD）負責，這個部門也負責兒童福利。兩性平權督察使（Ombudsman for Gender Equality）及兒童督察使（Ombudsman for Children and Childhood）雖在行動上獨立，在行政上也附設於兒童與家庭事務部。兒童與家庭事務部負責廣泛的兒童相關事務，並在各部會間扮演協調角色。

課後班（Skolefritidsordningen，簡稱 SFO）、小學、及幼教師資／工作人員培育屬於教育研究及宗教事務部（Ministry of Eudcation, Research and Church Affairs）管轄。有些地方政府將整合幼稚園，課後班及學校的行政管轄權交由單一部門負責。

幼稚園的發展隨著政府的去中央化。直迄 1970 中期，幼稚園需遵守非常複雜及嚴格的國家準則及標準，但幼兒教育與保育的責任隨著去中央化被下放到 435 個地方政府。 1993 年立法通過所有地方政府對於地方政治行政方面有決定權。這種中央控制鬆綁的結果，使得大多數地方政府有權整合幼稚園、課後班及學校的行政管轄權，並交由單一部門負責。 1989 年，一些郡政府層級所主管的責任下放到地方政府。地方政府負責新成立的幼稚園及暫時免除園長及老師的合格資格之權責。所有幼稚園都必須由當地政府批准，同時當地政府也負責幼稚園的視導與檢

視方式。此外，設定私立幼稚園可接受政府補助的條件。在工作人員資格方面，在地方政府補助的家庭托兒工作的家庭保育員也需要合格資格。

學校層次方面，每一所幼稚園都需有家長委員會及協調委員會（由同等數量的家長代表與職工代表共同組成）。前者在增進家長們的共同利益，並有權對於幼稚園與家長相關議題發言。後者則為顧問型的協調組織,特別在該幼稚園目標及實行方面的討論，例如：草擬幼稚園的年度計畫。

三、幼兒教育與保育機構

在挪威主要的幼兒教育與保育機構是幼稚園。約有47%的幼稚園為公立，受地方政府監督，其餘則為私立，由家長團體、非營利機構、營利機構等經營。除了幼稚園，其餘幼兒教育與保育機構大致可分為幾類：

❑ 開放式幼稚園（open kindergarten，挪威語 ápen barnehager）:幼兒由家長或其他保育員（carer）照顧。

❑ 家庭保育員（family day carers）：可分為兩種。一種是私人褓姆，專門針對家長提供托育服務；另一種則組成公立或私立的家庭式幼稚園（familiebarnehager），由一位受訓過的幼稚園老師監督，以提供30位孩子的教學指導。家庭保育員的數量目前沒有官方統計資料。根據兒童與家庭事務部在1997-98年的調查，49%父母自己照顧孩子，37%利用幼稚園，8%則利用家庭保育員。

❑ 課後班：挪威義務教育入學年齡爲六歲，一到四年級每週上課 20 小時，也就是一天四小時，所以在校內附設的課後班針對六歲以上的學齡兒童提供課後托育及娛樂活動。

四、師資／工作人員

幼稚園的工作人員有三類：園長，佔所有幼兒教育與保育工作人員的 12%；老師，佔 19%；助理，佔 52%。其他的工作人員還有：2% 的雙語助理（bilingual assistants）協助少數民族的家長與幼兒；5% 的其他教學人員（如：協助特殊幼兒）；10% 的其他人員（如：廚師與警衛）。園長與老師共佔幼教工作人員的三分之一。但因爲目前受過訓練的工作人員短缺，因此部分園長及老師在短期幾年內暫不需具備合格的資格。1997 年，這樣的人員將近有 19%。小學一年級由學校老師及幼教老師分擔，而幼教老師在受過一年轉換課程後，也可到 2-4 年級執教。

要成爲合格的幼教師資，園長及老師都得通過基礎培訓。基礎培訓需要經過三年的全時學習（full-time study），已有幼教經驗者，也可上四年的遠距教學訓練課程。目前有 17 所國立學院，一所私立大學（Queen Maud's College of Early Childhood Education in Trondheim）及沙米大學（Sami College）提供此類課程。要申請進入幼教師資培訓課程前，申請者需要有高中學歷。

　　爲因應幼稚園合格師資短缺的問題，1987至1997年師資培訓的名額增加三倍以上，1992至1997年，幼教師資培訓課程招生率增至71％，但到了1997至1998年招生率下跌了將近20％，這反映出申請者減少。同時，申請者入學成績的降低亦反映出優秀學生的減少。

　　助理並不需要特別的資格，但近來在高中有見習制訓練（apprenticeship model of training），也就是二年在學校內學習，另外二年到幼教工作現場見習。有兩個領域有這樣的見習制訓練，一是 「健康與社會研究」（health and social studies） ，其中可選修「兒童與青少年教育工作者」（child and youth workers）， 涵蓋了幼稚園、課後班、社團及其他服務。課後班的工作人員同樣沒有特定的資格。

　　雖然有了其他資格並不會加薪，合格的老師或多或少都會繼續進修，通常需要4-6年的全時學習。通常老闆有責任提供進修及高階課程給在職工作人員。在公立系統，已形成工作人員在職進修及發展的共識，其中包含了幼稚園每年停課5天以供員工在職訓練及工作計畫。所有地方政府必須有員工發展計畫，某些受地方政府的補助及監督的私立幼稚園工作人員也被納入此計畫。

　　工作人員的起薪取決於其職位及所受過的訓練，根據1998年5月地方政府與貿易聯盟的共識，助理最低年薪爲160,700 NOK（約合新台幣797,072元），老師爲194,100 NOK（約合新台幣962,736元），園長爲

227,300 NOK（約合新台幣1,127,408元）。具10年年資者，助理最低年薪為184,000 NOK（約合新台幣912,640元），老師則有220,100 NOK（約合新台幣1,091,696元）。

小學老師薪水高於幼教老師，起薪為220,000 NOK（約合新台幣1,091,200元），工作時數也不同。幼教老師每週工作37.5小時，包含4小時準備課程及其他"非接觸性"（non-contact）的工作，及每年五天的在職進修。學校老師一年工作39週，及一週在職訓練，每週上課25節，每節45分鐘，及每週5小時在校內準備教學，剩餘其他時間則是計畫及其他"非接觸性"的工作。近來的教育改革是將受過訓練的幼教老師納編到學校系統去，比起幼稚園系統裡的幼教老師，他們享有較高的年薪（201,300 NOK），這樣的作法使得幼稚園及小學工作產生差異。

在性別方面，大多數的幼教工作者為女性，1997年，男性幼教工作人員低於7%，擔任園長及老師者僅有5%。政府憂心這樣的情形，而設定在2000年將男性幼教工作者的比例提高至20%，同時有配套計畫。鼓勵男性成為保育員的兩個動機有二：一為性別平等，在女性投入就業市場後，男性需要負起更多照顧孩子的責任；第二，孩子有權利接受來自兩性的照顧。

五、經費

所有的公私立幼稚園都可接受國家補助，而父母也需

付費，同時地方政府也補助其所擁有及管理的公立幼稚園，但地方政府對私立幼稚園的補助方式各異。因此，幼稚園依其是否接受補助可分爲三類：公立幼稚園；接受地方當局補助的私立幼稚園；無接受地方當局補助的私立幼稚園。從表1-4中可看出，公立幼稚園獲得較多的地方政府補助，而私立幼稚園依賴家長付費的比重大。

表 1-4　挪威公私立幼稚園經費補助比例表

經費來源	公立幼稚園	接受補助之私立幼稚園
中央政府	36%	39%
地方政府	28%	8%
父 母	29%	46%
其 他	7%	7%

　　1988年，挪威國會通過由國家、地方政府及父母共同分攤公私立幼稚園費用，其比例爲：國家負擔40％，地方政府負擔30％，家長負擔30％。由1-4顯示實際上在私立幼稚園部分並無法達到此比例。在1996年對於幼稚園的補助款，中央負責43億（NOK），而地方政府負責的23億中，私立幼稚園僅獲得4億補助。因爲上述的補助分配不均，大多數私立幼稚園對家長的收費較公立幼稚園高。不同地區的私立幼稚園收費也不同。有些地區不論父母收入多少，收同樣費用；有些根據父母收入，彈性收費；有些對於一個以上的孩子進入幼稚園也有降低其收費，降價幅度由20-50％。從表1-5顯示，高收入家庭若進入公立系統，其學費佔總收入之比例少於低收入家庭。

表1-5　挪威家庭收入與幼稚園學費對照表

家庭年收入	100,000 NOK	250,000 NOK	375,000 NOK
幼稚園學費支出	19,530 NOK	27,168 NOK	29,572 NOK
學費佔總收入之比例	19.5％	11％	8％

註：2003年2月，1NOK約合新台幣4.96元。

　　在公立幼稚園中，照顧一位三歲以下幼兒平均一年花費約為100,000 NOK（約新台幣496,000元），一位3-5歲幼兒則需50,000 NOK（約新台幣248,000元）。從表6-6中可看出，私立幼稚園的花費平均比公立幼稚園少10％，其原因可能為：私立幼稚園的工作人員薪水低、退休金規劃方式及有些工作是不必付薪水，再加上公立幼稚園可能因為照顧特殊幼兒而有額外的支出。

表6-6　挪威公私立幼稚園幼兒教育與保育支出

幼兒年齡層	公立幼稚園	私立幼稚園
0-2歲	100,000 NOK	90,000 NOK
3-5歲	50,000 NOK	45,000 NOK

　　小學附設課後班的經費方面，同樣是由國家、地方政府及家長共同負擔。全時課後班每年國家補助4,600 NOK，部分時段班每年補助3,200 NOK；地方政府負責場地、暖氣、清潔、管理、及特教人員等費用；家長支付部分依地方各異。

六、幼兒教育與保育相關政策

(一)育嬰假(parental leave)

依法律規定,孩子出生時家長可享有育嬰假,若育嬰假為52週,家長可獲得相當於80%薪資的津貼,若是42週,則可有相當於100%薪資的津貼。若孩子是領養的,可獲得與前述同等津貼比例的時間則分別為49週及39週。事實上這個育嬰假是母親用的產假,雖然父親們也能使用,但是父親能否使用育嬰假的權利取決於母親先前的就業記錄(母親在孩子出生前的十個月中,有六個月必須是有工作的)。母親在產前有三週、產後有六週的產假,而父親目前只能有4週產假。

自從 1994 年,時間帳戶計畫(time account)已使得育嬰假的使用更靈活。它意味著父母能夠將部分的育嬰假作為時間帳戶,當他們領取津貼並能同時縮短工時,以補貼短少的收入。也就是說,家長可選擇將他們完整的育嬰假轉變成每週少上幾天或是每天少上幾小時的工作形式,但卻可以使育嬰假延長。時間帳戶的制度使得家長的育嬰假最短12週,最長延至104週。

家長已廣泛的使用育嬰假。1998 年所有的就業媽媽都可享有這種利益,也因此減少12個月以下幼兒托育之需求量。最近父親們對於4週之假期也多加利用,但時間帳戶計畫卻未被廣泛使用。據調查,1996 年只有1.5%父親跟3.5%母親使用這個計畫。

（二）幼兒生病時

對於育有12歲以下兒童之家長，若孩子生病了，家長每年有10天假可以照顧孩子，育有兩個孩子以上的家長每年則有15天，單親家庭有20天。父母雙方都有享有該項權利，如果負責照顧孩子的人病了，家長也可使用這種假以便照顧幼兒。針對16歲以下有慢性病或殘障的兒童，其家長會有額外的假。

（三）有特殊需要的幼兒

有特殊需求的幼兒包括各種障礙、身處不利情形的幼兒。對於特殊幼兒而言，幼稚園被認為是重要角色。根據小學教育法案（Primary School Act），特殊幼兒在學齡前有權接受特殊教育，且沒有最低年齡的限制。而根據幼稚園法案（Barnehage Act），在與家長合作下，有障礙的幼兒經專家評估後可優先進入幼稚園。地方當局負責提供幼稚園的特殊幼兒所需要的支援和補助，例如增加職員。在1997年，幼稚園中有2％是特殊幼兒，3％需要特別幫助。如同前述，公立幼稚園比私立幼稚園有較多特殊幼兒，事實上，80％的特殊幼兒就讀公立幼稚園。

（四）現金津貼計畫（cash benefit scheme）

在1998年8月，中央政府提出「現金津貼計畫」，間接影響到幼稚園。在這樣的規劃下，12-36個月大的幼兒若沒參加任何形式的幼教機構，其家長可以接受相當於中央政府補助一位幼稚園的幼兒之補助金額，約每個月3,000 NOK（約新台幣14,880元）。儘管補助的主要條件是孩子不能參加當地幼稚園，但仍無法防止家長使用其

他私立幼兒教育與保育形式的服務，例如：私人褓姆。支持這個計畫的論點在於提供家長多樣的選擇，且能增加幼兒受照顧的公平性。此外，此計畫的另一優點是，減少非常年幼的幼兒進入幼稚園。目前計畫成效尚不清楚。

（五）其他不同形式的經濟資助：

包括針對 16 歲以下孩子的家庭津貼（family allowance）；針對單親家庭的額外補助；育有 19 歲以下孩子的家庭享有扣稅的津貼等。

七、品質監督

在 1963 年，兒童福利法案（Child Welfare Act）修訂後，中央政府補助幼兒教育與保育機構，同時也有監督機制。然而，一直到 1980 年代後期，隨著幼兒教育與保育漸被注意，人們在真正開始重視幼教機構的監督與評鑑。而 1990 年代，兒童與家庭事務部開始幼教領域的研究，教育部也撥款給挪威研究會，以提供政府政策依據的研究。

1996 年幼稚園架構計畫頒佈後，幼兒教育與保育政策及機構評鑑暴增，因為該計畫中明訂每個幼教機構在年度計畫中都需包含評鑑方法、條件等。評鑑涵蓋了觀察與文件建檔、分析與詮釋、思考與自省以及幼兒的參與，幼兒不但有權參與活動評量，評量工作更可促進幼兒民主的學習。活動評量重點在於團體信心、社交能力及人際關係，而非與入小學準備度（school readiness）有關的語文數學能力。此外，評鑑的另一個挑戰就是公私立幼稚園的品質監督。

肆、課程與教學

　　義務教育始於 7 歲行之有年，近 30 年來對於義務教育向下延伸至 6 歲則一直有爭論。 1991 年，開始有各種不同作法的實驗，至 1997 年主要教育改革的一部分已把義務教育年紀降低到 6 歲，此改革強調小學 1-4 年級應該延續幼稚園和學校的傳統，一年級(6 歲)的課程應著重遊戲。

　　挪威人對於兒童及童年的看法反映在其官方的法案，及各種對話中（家長間、立法者之間及實務工作者之間），這些價值觀更會影響教學。在此以「幼稚園架構計畫」中的兩段話為例。

　　「…童年是一個具有高度內在價值的人生階段，兒童自己的時間、文化及遊戲都是非常重要的…幼稚園管理及控制上的需求應該時時考慮到兒童之所以為兒童的需求，並以兒童本身的興趣為基礎。」

　　「兒童透過所有經驗來學習。本架構計畫就是建築在學習的整體概念上，是與以下這樣的觀念相反的：教育就是有組織地在一段有限的時間傳授特定的知識。對兒童的照顧以及照顧過程中成人與兒童的互動是兒童透過感官學習的重要發展經驗，學習包含了正式與非正式的學習。」

　　由此，我們可以看出童年被視為一個具有獨特價值的重要階段，兒童不單只是「正在成長的成人」而已，自出生後，就是有能力的學習者。從這個角度來看，保護童年免於過多的成人控制與操縱是很重要的。因此，兒童的

「自由空間」是受到保護的。這對於幼兒教育教學上的影響是幼兒有權決定想做什麼，成人不該過度計畫及主導幼兒活動。遊戲更是幼教課程的中心，因為遊戲能促進幼兒各領域的發展。

「兒童的文化」反映出兒童不僅只是廣義文化中的一部份，身為社會中的一個族群，他們還會創造自己的文化，透過兒童相互學習、與他人互動，兒童的文化不只是複製的過程，更創建了新的形式與內容。另外，兒童的文化更具有傳達兒童「心聲」的功能。

挪威人認為孩子應該在戶外度過一個活躍的童年，尤其是接觸環境及大自然。課程強調全年戶外活動的原因，除了考量健康及有趣的因素之外，更是為了要幫助幼兒學習居住在四季分明的環境以及極端的天候狀態。若不能學會這些並享受這樣的生活，住在挪威會是十分受限及困難的。因此，活躍的戶外童年同時具備有健康及價值觀的考量之下。戶外的大自然環境是幼兒重要的學習場所。

挪威幼兒教育與保育的另一個特色就是幼稚園以基督教為本。依據幼稚園架構計畫，「幼教托育機構中的教養活動需與基督教價值觀一致」，「來自其他宗教的幼兒也應對其宗教感到驕傲，並享受宗教的根本。」

綜合以上，幼稚園架構計畫所規範所有參加幼稚園的幼兒在這一年間應該經歷以下五個科目，包括：

❑ 社會、宗教和倫理

❑ 美術

❑ 語言、文字和溝通

❑ 自然、環境和科技

❑ 體能活動和健康

伍、議題

一、對於「兒童」及「童年」的看法

在課程與教學部分已經談過挪威人對於「兒童」及「童年」的重視，但挪威目前面對的問題在於少數民族的教育問題。挪威是否應讓少數民族家長自行選擇他們的孩子成長的方式？此外，商業瞄準兒童為目標所造成的「商業化童年」令人憂心。

另外一個持續的討論問題就是，如何在「尊重幼兒的童年」與「父母有權為子女做選擇」之間取得平衡點，值得深思。

二、多元文化社會

雖然外來人口僅有 3%，原住民沙米人的比例也只有 2%，挪威社會仍面對多元文化的挑戰。他們展現對於沙米文化的保存及多宗教的包容（基督教為主要宗教）。對於挪威的新生代而言，他們需建構及探索他們的新定位及角色認同，並從多元文化中受益。而幼兒教育與保育機構在課程與教學上需具反種族歧視之概念。

三、現金津貼補助的爭議

前述的現金津貼計畫的三個主要論點在於：（1）父

母可選擇將幼兒送到幼稚園或是自行照顧（2）對系統的公平分配（3）給父母更多與孩子相處的時間。其用意雖佳，但具有爭議的幾點是，政府不該付費鼓勵家長「不要」進入幼兒教育與保育機構；家長為了領現金津貼，而將幼兒從公立幼稚園轉到品質較難控制的私立托育系統，以符合領取現金津貼資格（也就是符合幼兒不在公立幼稚園就讀的規定）；同時，現金津貼會使得更多媽媽留在家裡帶孩子，在工作機會的男女均等上有負面影響。

此外，現金津貼計畫可能造成高失業族群及低收入戶倚賴津貼過活，而更不去找工作，相對地，接受津貼，他們的幼兒就無法進入幼稚園就讀。

四、收費與補助的議題

在前面經費部分，我們已得知在挪威幾乎所有幼稚園都可接受補助，其比例為中央40％，地方30％，家長30％。中央撥款補助公私立幼稚園，地方政府接收中央款項加上當地稅收後，可補助當地幼稚園及部分私立幼稚園。但地方政府分配補助不均，私立幼稚園僅分得8％，不足的部分需由家長支付。而沒接受政府補助的幼稚園可能會因為經濟因素而倒閉，或轉而收取更高學費以維持營運，對於可進入該幼稚園就讀的族群具自動篩選作用，這又與挪威鼓勵多元化的原則相悖。

家長所支付的費用依不同地方而有差異，從每月1,800 NOK 到4,500 NOK 都有。由於家長需支付的費用與家長的收入或家庭狀況不相關，所以造成了低收入所付的費用在其總收入的比例上是高於高收入戶，對於低收入

家庭是一大的負擔。在挪威，人們對於 3-6 歲幼兒進入幼稚園是具有共識的，但卻沒有觸及降低家長負擔部分之費用。家長自付學費比例佔整體幼教經費之 30％，可能是因為幼兒教育的起源乃是為了照顧中產階級就業家長的幼兒，不屬於教育系統。人們認為家長不但「負擔得起」學費，且「應該」要付學費。但若從幼兒的因素及教育的角度來看，家長的自付額應有降低的必要，特別是來自經濟及社會不利的家庭中的幼兒。

五、師資／工作人員素質

與瑞典與丹麥 60％受過訓練的工作人員相比，挪威受過訓練的幼稚園老師只略超過三分之一，比例明顯偏低。更令人憂心的是，合格師資／工作人員不僅人數不足，其所受的訓練程度也不高。不像丹麥的幼教工作人員有著紮實的實務訓練，挪威的幼教工作人員年紀很輕且多半不具幼教工作相關經驗。公立幼稚園的工作人員流動率高，而受過訓的工作人員比沒受過訓的人更常換工作。

挪威的幼教另一個可能的危機是，師資培育機構的招生不足及招生品質下降。其可能的解決方法是提高幼教工作的地位，將專業訓練年限從三年提高到與小學老師相同的四年，並加強實務能力訓練及在職進修。

此外，義務教育年齡下降至 6 歲，使得幼稚園老師及小學老師有較密切的接觸，但幼稚園仍被摒除於教育系統之外。幼教工作人員的薪水低於小學老師及其他領域的私人機構雇員，且晉升管道有限，工作時數較小學老師長、休假少，被納入學校系統的「幼稚園老師」的工作狀況則

有改善。一般而言，幼稚園老師的地位較低。是否因此造成人員的流失及影響人們進入幼教工作領域，不得而知，但提高幼教工作地位可能會吸引較多的人選擇幼教工作。

在工作機會的兩性議題上，挪威希望在 2000 年時，幼教工作者中有 20％爲男性，雖然目標很難馬上達成，但挪威卻使得人們注意到幼稚園男女老師數量差異懸殊的問題，同時要思考的是，男老師及女老師在教學上是否眞有差別。

六、幼教架構與主管責任

挪威的幼教在國家層級由兩大部會分別負責（詳見主管機構部分），在地方則由單一部門主管，現在的爭議在於國家層級是否應像地方層級一樣，將幼教事務交由單一部會負責。在整合部會時，幼教事務很可能會歸納至教育體系，支持者提出將幼稚園歸爲教育屬性，同時保有福利機構功能，且可以解決目前教育部負責幼教人員培訓等相關事宜及規定，卻不是幼稚園事務的主管機構所可能產生的問題。但反對派指出，幼兒事務與家庭政策領域較爲相關，且將幼稚園納編到教育系統將會造成幼兒生活過度組織化，而失去了挪威備受重視的童年及幼兒自由。因此，整合兩部會不是唯一的解決方法，可以透過方法或跨部會機構來增加跨部會的協調與合作。

在地方層級上，幼教事務已由單一部門負責，以挪威某地方政府爲例，該地方設置有「成長局」（Department of Growing Up）負責幼稚園、小學、課後班及其他文化及福利服務；幼稚園被定位爲幼兒及家庭的資源中心，小

學則為兒童服務中心；結合護士、心理學家、社工、幼稚園工作人員、小學老師組成團體合力幫助身處不利之兒童。

在義務教育年齡降低至 6 歲後，6 歲幼兒放學後有很多時間在附設在小學的課後班度過。課後班的定位有別於學校及幼稚園，他們是為了兒童及兒童的文化而設，且與挪威對兒童及童年的看法十分相符，著重戶外及體能活動。在此引起的議題是，針對學齡兒童所提供的非學校式托育服務的目標是什麼？該類機構與學校的關係又是什麼？課後班應與學校教育系統結合，或保持低成人干預的特性？值得從各方面來考量。

陸、結論

挪威的幼兒教育與保育具有以下幾個特色是其他國家沒有或少有的：單純的 0-6 歲幼兒教育與保育系統；強調戶外活動及大自然；兒童的文化；完善的托嬰假及時間帳戶計畫等設計，以幫助家長兼顧其工作與家庭責任；著重在幼教工作人員男性比例的提升；及幼稚園中的評鑑。然而，幼教工作人員及幼教收費及補助的不均都是挪威幼教的弱點。

Chapter 2 瑞典

壹、生態與環境背景

一、 人口背景

　　瑞典總人口約880萬，有85%人居住在南部，瑞典人中每7人就有1位居於鄉村。在人口組成方面，其族群逐漸混雜，約1/5人口為非瑞典本土人士，共來自大約170個國家，其中2/3來自北歐。目前0-6歲幼兒人口佔總人口的9％。

　　為因應多元文化及移民之問題，部分移民人口多的地區發展出以下措施：在語言方面，鼓勵孩童說他們自己的母語，僱請具雙語能力之老師，以利孩童在開始義務教育之前學會瑞典語。在與父母合作的關係方面，移民家長或許不熟悉瑞典的本土文化，他們與進入學前教育機構的幼兒需要2星期到2個月的時間適應。在學前教育機構中，老師會讓孩童同時熟悉孩童本身的文化及瑞典的文化。幼教機構與研究

機構連結，發展有關語言教學的研究，老師用不同的方法教授第二語言。由於該類機構獲得較多的政府補助，因此可僱請額外的老師給予特別的幫助，但因薪水仍偏低及該類地區較不安全的印象，在聘請教師及工作人員時仍遇到困難。

不同地域上的家長在選擇幼教托育機構時會有差異，同時也顯示出不同幼教服務機構在各地分佈的不平均。在瑞典的南部地區及大城市，由於人口集中，幼教托育機構相對地在供應面上短缺，造成幼兒等待進入幼教托育機構的時間較長，因此，家長組成的家長合作團體（parent co-operatives）較為盛行。在人口較分散的地區則以家庭式托兒所為主。

二、 社會背景

瑞典的中央層級最高權力機構為國會。與其他北歐國家相同的是，地方政府可以依照各地區的需求制訂政策。各地方政府有權徵稅，並用以支付其地方事務所需之費用。

瑞典的公共政策反映出瑞典的價值觀及該國對人民的社會責任。當了解瑞典對社會政治的責任之後，就不會驚訝這個國家對幼兒教育的高度投入。

（一）整體社會方面

1. 二次世界大戰後，形塑公平的社會：

民主主義者支持希望形塑公平的社會，社會福利政策為社會達到利害與共、團結一致及社會正義的方法。

在這個社會脈絡裡，個人的生命、自由、性別、健康、言論、價值及思想是十分被珍視。社會的每一位成員都很重要，並負有整頓社會風氣及促進公眾福利的責任。

2. 全民的利益是社會的責任：

社會自由主義（social liberalism）是瑞典社會的理想，也就是為推動全民福祉。不像有些國家的社會福利被視為針對貧困族群的補助，瑞典的社會服務涵蓋生活的所有領域，包括健康、教育、福利。此外，男女平權、移民、幼兒及老人議題都是十分受重視的社會議題。

3. 對於幼兒的觀點

孩子從出生就享有權利，他們被尊重、被社會所關心、被父母照顧。幼兒享有如此權利，不只是因為他們是瑞典人、更因為孩子是「未來的成人」（t h e adults of the future），肩負發揚更新更好的社會秩序之責任。在這樣的意識下，孩子成為延續瑞典理想的最佳保證。因此，瑞典政府提供服務及福利來支持幼兒和家庭，在國內及國際間推動兒童福利不遺餘力。

在瑞典國內，為孩子提供設計完善服務，且由行政督察使（Ombudsman）監督以確保這些服務的進展。在國際方面，瑞典為支持聯合國兒童權利宣言（Rights of the Child）之先鋒。瑞典對世界提供許多革新、學術成就及示範性的實務工作。

（二）家庭型態方面

1. 小家庭

   瑞典家庭型態多為小家庭，育有一個小孩的家庭佔
   44.5％，二個小孩的家庭有 39.4％，三個以上小孩的
   家庭僅為 16.1％。

2. 同居家庭

   由於同居夫婦亦享有合法權利，在現今瑞典社會同居
   為普遍的現象，從表 2-1 可見一斑。此外，約每 5 個
   有孩子的家庭就一個是單親家庭，且多是單親媽媽。

表 2-1　育有子女的瑞典父母婚姻狀況表

有結婚	沒結婚	
	同居	單親
67％	15％	18％

三、經濟背景

1996 年時，瑞典國民生產毛額（GDP）為 28,283 美
元，只有日本、德國、盧森堡及瑞士高於該國，生活水準
極高。

經濟的變動對新生兒的出生率有很大影響。 1990 年
為瑞典經濟最繁榮的時期，之後經濟便不斷地走下坡。從
表 2-2 可看出經濟衰退時，出生率較低。目前該國出生率
為北歐最低。

表2-2 瑞典各年代出生率一覽表

年代	1982	1990	1998
經濟狀況	較差	興盛	衰退
貧窮人口比率	8%（1983）	3%	7%(1997)
出生率	1.6	2.1	1.5

　　瑞典經濟在1990年代早期面臨經濟危機，通貨膨脹高，失業率攀升，地方補助幼教資金縮減20%，所以幼兒教育與保育機構只好將班級規模加大，師生比提高（1990年每班平均人數為13.8人，到了1998年增至每班16.6人），幼兒教育與保育品質令人憂心。中央政府需增加補助以防止地方政府因地方稅收減少而削減對於幼兒與家庭的服務。

　　婦女在工作職場上佔有將近半數的職位，女性進入工作職場者佔女性人口之75%，男性進入工作職場者佔男性人口之則有79.6%，兩者就業比例僅有4.6%之差。而擔任兼職工作者女性比例比男性高。婦女第一胎的平均生育年齡為27.5歲，25%超過30歲。

　　如表2-3所示，1998年時，多數育有子女的婦女仍選擇繼續工作。而從表2-4中可發現，1998年半數以上家中育有幼子的瑞典母親仍會選擇全職工作，而幾乎所有的父親都擔任全職工作。

表 2-3 瑞典職業父母比率

	母親	父親
育有 0-6 歲孩子	78 ％	92 ％
育有 7-10 歲孩子	87 ％	93 ％
總計	74 ％	79 ％

表 2-4 瑞典職業父母工作時間比率

		全職	兼職	總計
育有 0-6 歲孩子	母	54％	46％	100
	父	94％	6％	100
育有 7-10 歲孩子	母	56％	44％	100
	父	95％	5％	100

在瑞典，男女平權的概念包含：不論性別，個人透過有給薪的工作達到經濟獨立；男女皆要負擔養育子女、工作及社區責任；工作機會均等。基於男女平權，理論上應該同工同酬，基於現實因素（婦女擔任兼職工作較男性多），故男性與女性薪資上的差異性仍然明顯存在。

貳、幼兒教育與保育發展源流

1836 年幼兒學校（infant school）成立，為提供幼兒教育之形式之一。除了保育目的之外，尚有教育目標。因數量較少，漸轉型為托嬰中心（infant creches）。

1854 年，第一批托嬰中心（infant creches）成立，後來改稱日托中心（day-care center），提供廉價的托育服務，以幫助許多需外出工作幫助家計的貧窮家庭婦女。該類機構以保育爲目的。

1890 年，非全日的幼稚園（part-time kindergarten）出現。以教育爲主，深受福祿貝爾及蒙特梭利理論影響。幼稚園被視爲是家庭教育的輔助，吸引中上階級的家庭幼兒就讀。

1968 年，設立國立幼兒保育委員會（National Commission on Childcare）。負責整合社會、教育、監督等因素。經四年的研究，決議將保育與教育結合，正名爲學前教育（preschool），以混齡方式服務 1-3 歲及 3-6 歲兩大年齡層的幼兒。父母參與、師生關係、幼兒自尊與獨立被視爲重要元素。

1970 年代起訂定全國性策略，爲瑞典學前教育之標章，目的在於：提供結合教育及保育之啓發性及發展性活動；促進家長與服務提供者之間的緊密合作；照顧所有幼兒，並著重特殊幼兒之需求；提供能符合家長兼顧親職與工作之幼教服務；公共資金由合理的家長費（parental fees）補足；全面性的照顧幼兒爲地方政府的責任。

1975 年通過全國學前教育法案（National Preschool Act），地方政府擔負擴展公立幼兒保育機構之責任，開始提供 6 歲幼兒一年至少 525 小時的免費學前教育。

1980 年頒佈幼兒保育指導方針，包含人員取得資格、比例、人數、活動。政府運用獎勵金來鼓勵全國實施。1985 年，政府宣布凡就業或在學之父母，其 1-6 歲幼兒可接受幼兒保育。

受 1990 年代的嬰兒潮及婦女就業增加，1995 年通過的新法要求地方政府不只應「滿足」地方對於幼兒托育之需求，更應主動「提供」托育服務。該法造成瑞典接受學前教育的幼兒人數大幅成長。1970 至 1998 年，幼兒接受全天托育的人數增加十倍，由 71,000 人增到 720,000 人。

1996 年幼兒教育與保育由社會健康部（Ministry of Health and Social Affairs）移轉由教育科學部（Ministry of Education and Science）負責。這反映出政府推動終生學習，並從出生就開始的政策。此外，主管權移至教育科學部強調了學前機構之教育功能，以及其結合教育保育的目標。

1998 年教育科學部頒佈學前教育課程，確認學前教育以民主為基礎，自由、平等及尊重他人與環境為主要價值觀。同年，學校法案（the Schools Act）把日托中心及非全日團體（part time groups）合併統稱為學前教育機構（preschools），並分為兩大類。學前教育機構的兩大類如下：1.學前活動（preschool activities）涵蓋 1-5 歲幼兒的服務，機構包含先前的日托中心（現在改稱 pre－schools）、家庭式托兒所、開放性學前教育機構。2. 學前班（preschool class）是六歲孩子可自願參加在公立

學校附設的特殊班級。另外有學齡兒童（6-12 歲）的托育包含課後班（Leisure-time centers）、家庭式托兒所（Family day care homes）。

參、幼兒教育與保育組織、政策及法規

一、幼兒教育與保育現況

只要是就業或在學的家長，其 1-6 歲的幼兒就可以接受幼教托育服務。雖然義務教育從 7 歲開始，1998 年時，73％的 5 歲幼兒在學前教育機構就讀，12％在家庭式托兒所。更有高達 98％的 6 歲幼兒已進入小學附設學前班或是進入義務教育學校就讀。師生比一般則為約 1:6。

然而，有一個族群的幼兒被忽略，就是失業家庭的幼兒。而這些幼兒有可能是來自移民家庭，因為新移民家長尚未找到工作，亦或是未具備受雇所需的工作技能。瑞典社會認為有工作才能享有福利，此種立意雖佳，但對於尚在試著融入社會的新移民家庭而言，最需要幼教托育的服務，卻因為無法找到工作，而被排除在社會福利之外，似乎與其照顧全民的社會價值觀相抵觸。

二、主管機構

1996 年起，幼兒教育與保育事務由教育科學部（Ministry of Education and Science）負責，親職假、兒童福利及與兒童相關政策則由健康及社會事務部（Ministry of Health and Social Affairs）管理。

　　在 1980 年前，中央政府透過對於工作人員的資格、師生比、班級規模及教學活動的準則來監督幼兒教育與保育，並用補助津貼來促使機構擴展。學校法案（the School Act）通過後，監督及管轄權由中央轉移至地方政府，地方政府需提供及監督學前教育機構及課後中心，這些機構在距離上需接近幼兒的家，並符合家長需求。地方政府可自訂師生比及班級人數，沒有全國性的標準。中央政府對於幼兒教育與保育提出目標、準則及補助架構，而由地方政府依據地方需求來調整其幼教服務。

　　全國教育處（The National Agency for Education）則同時在中央及地方層級負責後續計畫（follow-up）、評鑑、監督、資料收集及發展。全國教育處對幼兒教育與保育品質監控扮演很重要的角色，尤其在鄉村地區，因為鄉村地區負責監督地方幼教的小學校長多半不熟悉幼兒教育。

三、幼兒教育與保育機構

　　1998 年，非公立的幼教機構約佔瑞典幼兒教育與保育機構的 13％，該類機構多為家長團體經營，並接受地方政府補助，其餘尚有教會、公司、民間機構等提供幼兒教育與保育服務。根據 1999 年瑞典教育科學部公布的報告，表 2-6 為 1998 年瑞典主要幼教機構分類及各項相關資料。

表 2-6　瑞典幼兒教育與保育機構一覽表

	服務對象	開放時間	課程	每位幼兒平均一年費用	工作人員	備註
學前教育機構（preschool）	1-5歲幼兒，共約338,000人（約佔61%1-5歲幼兒人口）	全年全日開放，也有彈性時段以配合家長工作時間。	1998年所頒佈的統一課程	74,300 SEK	學前教育老師與褓姆	
小學附設學前班（Pre-school class）	6歲幼兒，1998年時，91% 6歲幼兒參加學前班，另外的7% 6歲幼兒則已受義務教育。	部分時段（至少一年525小時）	包含在義務教育的國定課程內	26,600 SEK	學前教育老師與褓姆	1.附設在小學系統中 2.採自願入學
家庭式托兒所（Family day care home）	1-12歲幼兒，共約82,000人（約佔12%的1-5歲人口，6%的6歲人口）	全天／全年（另有夜間、週末等彈性時段）	無統一課程，但有通用準則。	57,600 SEK	居家褓姆	在私人家中照顧幼兒
課後中心（Leisure- time centers）	6-12歲兒童，共約300,000人（6-9歲佔56%，10-12歲佔7%）	上學前、後段時間，及放假時	義務教育的國定課程中包含了課後中心。	27,800 SEK	褓姆及課後班老師	使用學校場地
開放式學前教育機構（Open pre-school）	1-5歲幼兒，無人數統計數字，但約有1000家open pre-schools	一天幾小時	無統一課程，但有通用準則。	總計328,173 SEK	學前教育老師、褓姆及社工	幼兒至少需有家長或幼教工作人員陪伴。

註：2003 年 2 月,1SEK 可兌換新台幣 4.07 元。

　　相對於其他幼教機構，開放式學前教育機構雖為非正式的幼教機構，但能提供家長及幼教人員共處的機會，並逐漸轉型為家庭資源中心。 6-12 歲兒童的課後保育則有以下三類：課後中心、家庭式托兒所及開放型課後活動（open leisure-time activity）。

　　在非公立幼教托育機構中，最常見的是家長合作團體（parent co-operatives），由於家長直接在該機構中工作，所以家長參與成為該類機構的主要元素。該類機構並不需要完全施行符合政府規定的課程，但是他們若不支持國家的課程，就很難繼續接受政府的資助。

四、經費

　　瑞典幼教的財源有三：中央政府、地方政府及家長。

　　中央政府從稅收撥出部分資金當作各地方幼教資金補助。在地方層級上，地方政府除接收中央補助之外，地方政府也徵稅以支付幼教相關費用。在 1990 年之前，幼教費用負擔比例為：中央政府 45％，地方政府 45％，家長 10％。目前這些資金都用來支持幼教機構，包括學前教育機構、課後班及家庭式托兒所。

　　受到去中央化及經濟衰退所造成的政府稅收減少的影響，家長負擔比例增高到 16.5％。同時為了反映「使用者付費」（fee-for-service），地方政府開始依家長使用幼教服務的時數來收費，收費標準依地方各異，造成每個地區的政策實施不同，其間的收費差異可達 70％。政府向家長索取費用的原則主要以不會讓家長感覺太貴，而不

願意讓孩子接受學前教育。1999年9月，更立法通過下述條款:「每個月家長不需付超過700SEK（約新台幣2,849元）的學前教育費用，第二位小孩只需付500SEK（約新台幣2,035元），第三位小孩只需支付300SEK（約新台幣1,221元）。」這項條款可使80%的家庭減輕負擔。

使用者付費的另一影響是，使用者（即家長）要求有更多的選擇權及更有效的服務。如前所述，非公立幼教托育機構佔13%，在補助分配方面，非公立機構不應造成幼教品質之二階層化，所以凡已核發執照之公立或非公立之幼教托育機構皆可得到相同的政府補助，但私立機構需通過與公立幼教托育機構相同的標準。

五、師資／工作人員

大體而言，瑞典的幼教工作人員受過良好訓練，可分為四大類，其人員培訓課程及相關訊息見下頁之表2-7。

1998年，共有9萬6千人在學前教育機構工作(8萬4千人為全職)，60%受過相當大學程度的訓練課程，所有工作人員中有5%為男性。有14500位受過褓姆訓練的人在家中陪自己的小孩。72%的家庭式托兒所提供者受過訓練，比率已高於1990年時的41%。

表 2-7 瑞典幼教工作人員一覽表

職稱	培訓課程	可工作於	備註
學前教育老師	* 完成 3 年大學教育之課程 * 理論與實務並重，需修習幼兒發展，家庭社會學及教學法等課程。	學前教育機構、小學附設學前班、開放式學前教育機構	免學費，在學期間並可申請低利助學貸款。
褓姆	課程及訓練為三年中學課程的一部份，需修習照顧幼兒及發展心理學等課程。	學前教育機構、開放式學前教育機構及家庭式托兒所	因為是中學教育的一部份，不另收學費。當了媽媽後，也可選擇在自家中當居家褓姆。
家庭式托兒所提供者	政府提供 50-100 小時的入門訓練	家庭式托兒所	
課後班老師（Leisure-time pedagogurs）	與學前教育老師一樣	課後班	與義務教育學校之老師密切合作

　　瑞典的訓練課程是理論與實務並重的，強調老師的合作與反思能力。在教學上，瑞典提倡不同的老師跨系統的協同教學（working in teams），其中因學前教育老師的知識及技能是十分需要的，所以多半由學前教育老師與其他老師搭配。雖然鼓勵跨系統的老師們合作，但許久以來，在義務教育系統裡的老師要比在學前教育老師受到較多的尊重及較高的薪水。目前教育科學部透過給予所有老師共同的職前訓練及專業發展，以打破其間之藩籬。

六、幼兒教育與保育相關政策

（一）現金補助：

針對有孩子的家庭給予有額外的輔助，以下幾種現金補助是由政府稅收支付。

1. 兒童津貼（Child Allowance）：不論家庭收入多寡，凡16歲以下兒童都可以收到640SEK的補助。

2. 住屋津貼（Housing Allowance）：補助金額依每戶子女人數、家庭收入及房屋費用決定。

3. 撫養津貼（Maintenance Allowance）：補助離婚後持有孩子監護權的一方。

4. 殘障補助。

（二）家長保險（parental insurance）包括：

1. 生產福利（pregnancy benefit)：補助從事重度勞力（physically demanding）工作的母親，在分娩之前可有50天休假。

2. 育嬰假（parental leave benefit）：在孩子滿八歲或小學一年級結束前，父母（包括養父母）不論有無工作，皆能享有共有450天的育嬰假 (約合15月)，並有津貼補助。家長亦可選擇僅由父親或母親來使用育嬰假，但須保留其中30天給另一方。在前360天的育嬰期間，薪資補助為原本薪資的80%，但每月最高不可超過18200 SEK（約合新台幣65520元），公務人員則可獲得90%薪資的補助。剩餘的90天則

最少每日補助 60 SEK（約新台幣 216 元）。

3. 臨時育嬰津貼（temporary parental allowance）：育有 12 歲以下兒童的家長在孩子生病時，可以使用臨時育嬰假，共 120 天。臨時育嬰期間可享有原本薪資 80%的補助。

（三）健康保險：

　　每位瑞典人有權使用免費或有補助的健康照顧，地方政府會徵稅來資助地方醫院或健康中心，當看醫生時，民眾只需自付部分金額。學童、孕婦有免費健康檢查。

　　除了以上所列的補助及保險，在教養孩子方面，瑞典採結合社會、家庭及學校。孩子出生後，家庭可以結合家庭資源中心(Family resource centre)，家庭成員與學前教育機構的工作人員（如老師）作密切的合作。甚至可以參與活動程序之決議。孩童在剛進入學前教育機構期間，家長有二星期的時間可以在機構內陪伴小孩。此舉不但可以幫助小孩順利度過過渡期，也可以加強家長與幼教機構的關係。所有措施在尊重個人，幫助家長勝任親職工作，並藉以促進幼兒福祉。

　　所有幼兒對於瑞典社會都是重要的，因此，對於身心、社會情緒障礙的幼兒提供每日三小時的免費學前教育；對於住院病童提供遊戲治療及協助接受醫療及社會服務；對於移民幼兒提供半日語言訓練課程。然而，完善的社會服務所針對的對象是就業的家庭，通常失業家庭的幼兒是無法接受幼教服務。

肆、課程與教學

受到去中央化影響，瑞典國定課程明訂了廣泛的教學目標及準則，而地方政府肩負實施的責任。該課程屬於「目標導向」（goals-led steering），沒有固定的教學法，目前教學法呈現多樣化。其課程目標與標準包括以下領域：.

❑ 規範及價值

❑ 發展與學習

❑ 幼兒的影響

❑ 學校與家庭

❑ 各幼教機構間的合作

瑞典國定課程依年齡層分為三大部分：一為學前幼教中心（center-based preschool）；二為義務教育（1-9年級，以及招收6歲幼兒的小學附設學前班）；三為中學（10-12年級）。在學前教育課程部分，國定課程提供了很明確的方法來概念性連結學前教育機構及小學附設學前班，更重要的是，學前教育課程與義務教育課程形成教育經驗的連貫性。

家庭式托兒所、開放性學前教育機構及開放性課後活動雖沒有統一課程，而是由全國教育處所制訂的準則（guideline）所規範。值得注意的是，課後中心的教育價值反映出瑞典終生學習的價值觀。

　　哲學上，受到瑞典社會文化、盧梭、皮亞傑及福祿貝爾的影響，瑞典學前教育課程以幼兒為本位，將其視為能幹的學習者、活躍的思想者及投入的行動者。他們認為幼兒有很大的內在資源，有自己對世界的看法，並能夠利用各種機會來促進學習。

　　瑞典對於幼兒學習存有以下觀點：

❑ 幼兒不斷的學習和發展：用感官在各種時間和地方進行學習。

❑ 遊戲式及主題式的學習：遊戲是基本的學前教育活動，可促進思考力、想像力、創造力、語言及合作的發展。主題取向的學習方法使幼兒有機會了解脈絡和關係，提高他們發展學習的能力。

❑ 連結孩子的經驗：幫助幼兒連結已知的知識及正在學習的東西。

❑ 保育的教育意義：保育經驗提供幼兒對自己和對環境的知識。

❑ 在群體中發展：幼兒能向其他幼兒學習，且其角色無法被成人或玩具所替代。透過自助及助人，孩子學習到解決問題、反省及分享自己的意見、接受或協調他人觀點。

　　更基於認同幼兒時期為特別的發展階段，瑞典的學前教育課程中清楚規定對於個別幼兒的成就不做正式的成績評量。因此，許多國家十分重視的「入學準備」（school readiness）在瑞典並不存在。

伍、議題

　　雖然瑞典對於幼兒教育與保育投入許多，但將理念付諸實行的過程中仍有些議題值得注意，以下將分項討論。

一、品質的議題

（一）地方間的差異

　　因地方分權，地方政府對當地政策決定權很大，因而造成地方與地方間所提供的學前教育機構服務品質出現了分歧與不一致性。

（二）經濟衰退的影響

　　1990 年的嬰兒潮，及隨後而來的經濟衰退造成人民與政府的收入減少，所以 1990 年代，政府減少幼兒保育的補助費用，同時使用服務的幼兒卻增加了 30％，老師無法在大的班級中兼顧太多的學生，形成品質較為低落的問題。政府補助的減縮，也造成到褓姆的人數減少，影響到家長的選擇權。

（三）一致性與連貫性不夠徹底

　　「所有」幼兒都是重要的。為達到照顧移民、低收入戶、少數民族等可能無法進入學前教育機構就讀的幼兒，健康及社會事務部應與全國教育處及教育科學部做緊密的聯繫。

（四）幼教機構與工作人員

　　家庭式托兒所佔幼教機構使用比例之 12％，應接受較佳的支持及監督。此外，雖然瑞典職前培育訓練的品質

43

良好，但為了因應轉變中的社會（如：多元文化、雙語文化），教師及工作人員需要在職進修。

二、公平與財政議題

目前學前教育的收費對單親家庭、低收入戶或是沒工作的移民家庭是無法負擔的，但是他們又是最需要此項服務的族群。在收費比例上，若有的家庭只付 2% 的費用，其他的家庭雖有能力但是要付最多 20% 的費用，是有一點不公平的。瑞典政府支持婦女全天工作，一旦婦女沒工作，孩子的補助就沒有。隨著經濟衰退，許多移民人口也失去工作，孩子就因此無法接受福利。

提供 4-5 歲幼兒普遍性的免費半天幼教托育服務，不受父母是否受僱的限制，可能可以解決這些公平與財務上的問題，如此也符合終身教育的理念。

三、研究、評鑑和監督的議題

瑞典對於不同類型的幼兒教育與保育機構缺乏有效且公正的監督機制，尤其是針對家庭式托育。其原因可能是中央主管職權的轉移（由健康及社會事務部轉移至教育科學部）所造成；也可能是負責監督幼教品質的小學校長缺乏這方面的知識及策略。因此校長們除了需要額外的專業知能之外，也要考慮接受相關訓練。全國教育處應與教育科學部緊密合作以提供學前教育的訓練與具備幼兒教育與保育知能的工作人員。

研究方面則應與監督機制連結，擴展研究和評鑑，充足的資金可幫助研究的進行，研究資料可作爲政策實行的參考。

陸、結論

瑞典幼教忠於其社會價值觀，視幼兒爲國家未來的保障，照顧「所有」的幼兒是社會的義務。因幼兒負有傳承傳統及開創新機的社會責任，幼教托育機構被視爲社會系統的基石。在教養幼兒方面，社會並不取代家長的角色，而是透過各種政策及津貼幫助家長勝任親職。不論是理論或是教學都充滿了對家長、幼兒及大眾的尊重與了解。

不像其他國家依幼兒年齡或服務性質來劃分主管機關，瑞典幼教及教育系統由單一主管機構負責 0-19 歲的教育及保育，致力於提供有組織、有彈性的幼兒教育與保育系統，加強系統間的連結，而非提供片段的、零星的服務。制度上，除了鼓勵各學前幼教機構、義務教育系統與課後托育系統緊密合作，在課程規劃、工作人員與教師培育上都呈現連貫性，對於幼兒從學前教育系統過渡到義務教育系統非常有幫助。

歐美澳各國幼兒教育與保育之行政與政策

Chapter *3* 芬蘭

壹、生態與環境背景

一、人口背景

　　芬蘭是歐洲面積第七大的國家，總人口為 520 萬人，人口密度為每平方公里 15.3 人。其官方語言為芬蘭語和瑞典語，是一個雙語國家，英語是第三通用的語言。在瑞典話為主要語言的縣市，教育部設有瑞典話和芬蘭話的兩個行政單位，以服務不同語言的人民需求。

　　芬蘭境內的移民總人口雖然不多，大約總人口的 1.6％。半數以上的移民住在赫爾辛基，由於很集中，赫爾辛基附近的幼教托育機構中約有 10％ 的移民兒童，在日托機構和學校，並沒有為移民的特別計劃或課程。根據兒童日間照顧法案，幼托機構應該支持沙米人（Sami）、吉普賽人和其他移民幼兒的語言和文化。此外，特別課程被安排在學校，以幫助六或七歲的小孩。針對新生的入門課程長約六個

月，重點在於孩子們母語的學習，以及第二語言（芬蘭語）。因為幼兒人數常有增減，因此他們的班級和團體的組織很有彈性。

雖然新移民非常注重學校教育，但對幼兒教育與保育機構則抱持較不重視的態度，因為移民者大多認為小孩早期的照顧是母親的責任，新移民並不相信幼兒盡早融入芬蘭文化所能得到的利益。然而地方政府認為對移民者的擴大服務是重要的，但也是昂貴的。同時值得注意的是，芬蘭現在的失業率雖然是 8%，但在移民族群的失業率比例卻高了許多。

二、社會背景

（一）政府當局方面

芬蘭為福利社會，其整體目標是建設芬蘭成為公平的、有動力的、社會健全的及完整的國家。其中一個很重要的目標是，為兒童促進長期的社會融合和安全環境，以使兒童長大後成為身心發展平衡的成人。

芬蘭的教育政策著重在於創造一個兼具人性和生生不息的資訊社會，重視每個幼兒及青少年的個人興趣，並提供終生學習和自我發展的機會，確保學得生活所需的知識和技能，以及促進平等性。希望培養兒童變成具有倫理價值觀的社會成員。

（二）男女平權方面

在北歐嚴酷的生態狀況所形成的農業經濟影響之下，女人必須要能夠保護並供養自己與家庭。這樣的觀點形成

了芬蘭社會特色及兩性之間的公平正義，不論男女老幼，群體中的個人是被高度尊重的。

政府在 1986 年通過了「男女平權法案」（Act on Equality between Men and Women），代表了芬蘭對幼兒照顧、家庭和國家三者之間關係的重視。此外，國際勞工統計資料顯示，與其他 OECD 國家相比，芬蘭婦女在家庭以外的工作參與有傑出的地位。 1988 年，芬蘭婦女的收入平均是男性的 83%，薪資差異拉近許多。

（三） 家庭型態方面

在 1998 年，芬蘭國內共有一百四十萬個家庭，其中六十三萬五千個家庭有小孩（約合 45% 的家庭育有孩子）。在芬蘭家庭中，有 18% 是單親家庭。整體而言，平均每一個家庭有 1.82 個小孩，其中育有 1~2 個小孩的家庭比例為 81.7%，有 3-4 個小孩的佔 18.3%。

與其他北歐國家相同，芬蘭家庭型態從大家庭轉為小家庭。在過去四十年， 16% 的家庭人口數約為每一家庭有 4 人或者更多（最多到 18 人），到 1998 年，比率從 16% 降至 2%。 一百年以前，七歲以下的幼兒人口佔總人口的 20%，預計在 2010 年，會降至 7.6%。 婦女生育第一個小孩的平均年齡是 27.7 歲，生育率也降低，每一個家庭約有 1.8 個小孩（超過半數的夫婦並未生育子女）。因此，孩子變成了「稀有物品」。

家庭結構是另一項改變。 1990 年的人口普查所涵蓋的家庭，包括了有小孩的結婚夫婦或同居伴侶、有小孩的

單親母親或父親。現在更認同多樣的家庭：無子女的同居
家庭、育有子女的同性戀家庭、已婚或未婚夫妻、再婚夫
妻等。雖然75％育有子女的家庭為結婚夫妻所組成，但
自1996年來，同居家庭已大幅增加，單親家庭則佔10
％。

　　家庭的定義已變成「一群住在一起的人，不論是否養
育子女。」不管哪一種家庭結構，最重要的還是家庭的功
能。芬蘭的小孩能在安全的環境下被愛與撫養，是政府在
重新審視社會責任、傳統家庭模式和兒童權利三種平衡時
遇到的最大爭論點。

三、經濟背景

　　芬蘭為歐盟中貧富差距最小的國家。在經歷了1990
年代早期的經濟大衰退後，目前經濟穩定成長。失業率從
1990年代中期的16.6％降至現在的8％，但與歐盟其他
國家相比，其25歲以下族群的失業率仍舊偏高。該國經
濟主要來源比例為：服務業60％，製造業和建築業
35％，農業和林業5％。每人平均年所得約二萬五百四
十五美元（約合新台幣698,530元），稅率為47％。

　　由於社會福利制度良好，貧窮兒童的比率一直維持很
低（約4.6％），是OECD各會員國中對兒童和家庭需求
提供最完善照顧的國家。社會事務與健康部（Ministry of
Social Affairs and Health）是各部會中每年得到最大比
例的預算，而家庭和兒童方面的花費佔該部的預算的12.
1％。這是由中央撥款來提供家庭保護的第一步。另外，
由各地方政府提供援助和現金補助是保護的第二步。第

三，政府對平等工作權的保障也預防了兒童身處貧窮的發生。超過 70% 的芬蘭婦女有工作，其中更有 90% 的職業婦女擔任全職工作。就如同其他的國家一樣，單親媽媽族群為失業率最高。

貳、幼兒教育與保育發展源流

1973 年，「兒童日間照顧法案」(The Act on Children's Day Care) 規定不論幼兒的背景，每一個孩子都有權利在公立日托機構成長和學習。這個法案也代表了地方政府都必須提供足夠的日托機構以符合國家的決策。

1990 年「居家照顧津貼」(home-care allowance) 使得許多父母可雇用褓姆，或由父母其中一人在家照顧他們的小孩。

1996 年，通過學前教育課程。學前教育課程在日托中心屬於自願性的課程，但在小學附設的學前班則必須強制實行學前教育課程。

1999 年，六歲學前教育改革通過了更進一步的新學前教育課程，一共有 700 小時，平均每一星期 18 小時。

2000 年 8 月，課程改革將課程範圍涵蓋了就讀日托中心及小學附設學前班之所有六歲兒童，小學一二年級（7-9 歲）也訂有核心課程。

課程改革之前的學前教育課程注重某些領域的教學，如：語言與溝通、健康與藝術、環境與自然，而小學的課程卻是注重學科表現。兩者的差異是引起改革的一個主要

原因。在 2001 年 8 月以後，每一個六歲兒童都有權利參
加免費的學前教育。幼兒參加學前教育的同時，參加日托
中心的權利仍然是被保留的。700 小時的學前教育和日托
中心是融合一起的。有些地方政府資助更多的時數，使之
達到 760 小時。很明顯的，學前教育的目的在於架構出從
出生到八歲的學習模式。

參、幼兒教育與保育組織、政策及法規

一、幼兒教育與保育現況

芬蘭義務教育起始年齡為 7 歲。1-3 歲幼兒進入幼兒
教育與保育機構就學的比例為為 24％，3-6 歲幼兒約有
66% 進入全日或半日幼兒教育與保育機構，78% 的 6 歲
幼兒則有學前班就讀。由於育嬰假的制度，使得家長得以
自己照顧 0-1 歲的嬰兒，因此鮮少使用幼兒教育與保育服
務。此外，日托中心的師生比請參見表 3-1。

二、主管機構

（一）中央層級

中央政府有二個主要的行政部會負責幼教事務：社會
事務與健康部（the Ministry of Social Affairs and
Health）與教育部（the Ministry of Education）。這兩
個行政部門下有兩個有力的單位為國立福利健康研究發展
中心（National Research and Development Centre for
Welfare and Health，芬蘭原文為 Sosiaali-ja terveysalan
tutkimus-jakehittamiskeskus, 簡稱為 STAKES）和全國

教育委員會（the National Board of Education）。

社會事務與健康部擁有最大比例的政府預算，它包括了很多服務，從健康、養老金、失業服務及幼兒保育等。它有六個部門，包括最近重新整編進來的國立福利健康研究發展中心。國立福利健康研究發展中心的主要功能是搜集並解讀資料，然後在福利、健康和教保等方面做出決策。

教育部擁有第三大預算（僅次於社會事務與健康部及財政部），負責各級學校教育、研究執行、大學補助，文化性和藝文活動等。在芬蘭，接受教育是人民的義務，但不一定要參加學校形式的教育。雖有很多其他方法完成教育，但大多數的孩子還是選擇到一般的學校。全國教育委員會隸屬教育部之下，除了負責發展一般教育、技職教育、成人教育與訓練的目標、內容與教學法，還有教育評量、資訊提供及其他特殊服務。同時，它也監督學前教育課程的發展。六歲學前班和日托中心在 2000 年 8 月起使用學前教育課程。所有的六歲兒童可接受一年最少 700 小時學前教育。

（二）地方層級

地方政府的主要責任在於規劃和實行各種健康照顧、教育和社會服務。這些地方人口最少的有 130 人，最大到首都赫爾辛基的 50 萬人。小型的地方政府會互相聯合組成獨立的經濟單位，提供基本的服務，包括了兒童的健康服務、醫學專家的醫療照顧、和日間托育的社會服務。地方政府同時也負責維持國家的學校教育系統，包括中小

學、職業學校、成人教育，藝術和文化課程。他們規定小孩上小學的年齡；如果學校距離太遠，他們也提供交通工具。爲了配合中央政府的國家準則，他們也要負責課程和評鑑等事務。

三、影響幼兒教育與保育的相關組織

（一）芬蘭的貿易聯盟

芬蘭有三個獨立的貿易聯盟，分別是：（1）芬蘭貿聯中央協會（The Central Organisation of Finnish Trade Union）；（2）芬蘭勞工聯合會（The Finnish Confederation of Salaried Employees）；（3）芬蘭教師聯合會（The Confederation of Unions for Academic Professionals in Finland）。在這三個聯盟裡，有一些別的專門團體，例如教育貿易聯盟（the Trade Union of Education），在這個教育聯盟的會員裡，有107,000位老師，其中有12,000位在從事幼兒教育。

這三個最大的貿易聯盟在芬蘭的福利制度上扮演了重要的角色，在制定幼教的政策上和政治考慮上有相當大的影響力。這些聯盟用以下幾種方式合作：取得新計劃和新法案的創制權；在官方和其他的工作團體佔有一席之地；發行公報、公開信、報告；資助特別領域的研究；及發行專業的刊物和文章。

（二）曼納漢聯盟（The Mannerheim League）

在芬蘭，另一個有影響力的團體是曼納漢聯盟，尤其是在幼兒教育方面。其總部設在首都赫爾辛基，在13個

地區有設分部，個人會員超過 81,000 人。作為芬蘭最大的兒童福利組織，它有 550 個據點散佈在全國各地，以保障兒童和家庭的權利，並且同時在地區、國家、國際的層級推動幼兒的權利。它促進了家庭間的結合，彼此支援。該聯盟更結合義工和社會工作者，成立了幫助兒童和青少年的電話專線，支持殘障和吸毒的青少年重返正常生活，以及幫助有困境的家庭。

曼納漢聯盟從 1920 年開始，就致力於兒童社會福利，並呼應聯合國的兒童權利宣言。與國際性及歐洲各機構合作對抗剝削兒童及童妓問題，推廣交通安全、心智健康營養方面等概念。這個聯盟強調的是行動的研究，目前正在探討兒童的初入學校的問題。自從 1995 年起，一個屬於父親的工作團體開始與這個聯盟合作，並且出版了名為「每個父親的權利」的小冊子。在 1996 時也推出「父子關係錦囊」，裡面包括了各種為父親和孩子設計的特別物品，像是兒歌、父親食譜、玩具娃娃、育兒指導等等。

（三）芬蘭父母協會(The Finnish Parents' Association)

芬蘭父母協會是全芬蘭最核心的父母組織機構，它由 1055 個獨立的團體組成，總會員數達到 200,000 位家長。它的工作有：幫助成立各種團體、協助其運作、答覆家長的問題、處理調查案件。這個協會和教師聯盟及家長資源有緊密的合作策略，一起致力於提升兒童的學習環境。儘管該協會在幼兒教育和保育的政策決定上發揮全國性的影響性，它最主要還是以服務個人性質的父母們為導向。這也反應了父母參與的個人層面是該協會運作的核

心。芬蘭父母協會和教育、社會、健康等各個機構連合起來，推行最重要的活動：支持小孩的養育，發揮影響力，提供政策建議，和提供關於父母議題的研討會。

在地方層級，許多父母是學校委員會的成員。並不是每個學校都必須設立委員會，依每個地方的政策而異。簡單的說，不論是其組成分子，或實際的運作情形，每個學校的委員會不同，在幼教機構中更無充足的學校委員會。

（四）路德教會(The Lutheran Church)

芬蘭有84%的人口信仰福音派的路德教會。路德教會關心廣泛的家庭議題。這個教會在許多社會工作上很活躍，而且呼籲對家庭權利和責任的重新檢視。他們提出一個發人省思的問題：是否我們對那些支持孩子的良好機構投入的太多，但在這個過程中忽略了父母原本應負擔的責任？這個問題現在已變成芬蘭辯證的重點。路德教會、曼納漢聯盟，和其他父母協會一直是提倡此觀點的前鋒。路德教會不僅提供心靈上和道德上的指導，更主動在每個城市組織各種幼教團體。

四、幼兒教育與保育機構

（一）公立日托中心

兒童日間照顧法案（The Act on Children's Day Care）在1973年通過，規定不論幼兒的背景，每一個孩子都有權利在公立日托機構成長和學習。這個法案也代表了地方政府都必須提供足夠的日托機構以符合國家的決策。

　　芬蘭把該國幼兒教育與保育的系統合稱爲「教保」（educare），也就是把保育和教育當作是融合的一體，而遊戲是教學與學習的工具。對於家長和專業人員而言，日托機構具有正面形象，日托系統是具彈性的，可因應每個家庭的需要而提供不同的策略和不同程度的照顧。收費不高，費率和每個家庭的收入具有相關性，法律規定一個月最高費用不得超過 1,100FIM（約新台幣 5,720 元）。根據芬蘭父母協會的成員表示，公立日托機構很受歡迎，全國的父母對這樣的機構都很有信心。

　　芬蘭的日托機構擁有低師生比及高品質環境設備。其師生比如表 3-1：

表 3-1　芬蘭日托中心師生比一覽表

	三歲以下幼兒	三歲以上幼兒
全天班	4:1	7:1
部分時段班	4:1	13:1

　　三歲以下部分時段班的師生比與全天班相同。在日托中心裡，並沒有招收幼兒的人數限制，只要有足夠的老師來維持這樣的師生比即可。在符合兒童身體健康的環境品質方面，要求則是非常嚴格，因此在日托中心內，有高水準的建築物或設計，有許多日托機構甚至提供蒸汽浴和游泳池的硬體設備。

　　在赫爾辛基等地區的日托中心具有「像家一般的，舒適」的氣氛、高水準的資源、十分稱職的工作人員及多樣性的活動。每個日托機構都有個和父母溝通的精密系統，

被稱為幼兒－家長－日托工作人員間的個別契約，也被作為「真實性評量」（authentic assessment）和記錄系統，是品質保證的一個方法。幼兒的狀況、作品及興趣得以被記錄下來，父母可以隨時看得到孩子的發展，並給予意見。親師溝通、幼兒擁有決定權、及個人責任感的培養被認為很重要的。

(二) 私立日托中心

在芬蘭，私立日托中心不應與未受法律約束、營利性的機構混為一談。私立日托中心只佔芬蘭幼教中很小的部份，大約可提供3%左右的七歲以下幼兒服務，而且在很大的程度上和公立托兒所的合作。因為收費的限度，加上對師生比、工作人員訓練的嚴格要求，營收利益很難成為私立日托中心經營的主要動力。可能是受私立兒童補助津貼的影響（private child-care allowance，由地方政府發給私立日托中心，每個月最低700FIM，約新台幣3,640元），目前私立托兒所的數目正在增加。

值得注意的是，私立日托中心對品質的堅持，以及它給予各個年齡層幼兒主動的直接學習（hands-on learning）機會。像大多數的公立日托中心一樣，私立日托中心也是由受過訓練的幼稚園老師管理和經營。師生比也接近公立日托中心：6個老師負責32個學生。

在私立日托中心，所有就讀的幼兒都超過三歲，並且設有廣受父母喜愛的「英語社團」（English Club），是否設有英語社團更成為家長選擇幼教機構時的考量條件之一。另外，因為政府規定幼托機構每日提供幼兒一次溫熱

的餐點，因此，無添加物的自然食品也是私立日托中心的高品質之特點。此外，他們也很注重幼兒－家長－日托工作人員間的個別契約、幼兒間的溝通技巧及幼兒的語言與字彙能力。戶外活動是日常活動中很重要的部份。如果父母有困難的話，日托中心也提供接送服務。

（三）家庭托兒所（family daycare），團體家庭托兒所（group family daycare），開放式托兒所（open daycare）

雖然家庭托兒所在最近幾年有減少的趨勢，它仍然是很重要的一種幼兒托育方式，尤其是針對三歲以下以及鄉村地區的幼兒。家庭托兒所受各地政府的監督，事實上大多數家庭托兒所的經營者受僱於各地政府，並且由政府訓練。一位全日的居家褓姆，一次最多能照顧四個小孩（包括她自己的小孩）；一位部份時段的居家褓姆，只可以照顧一個小孩。在團體家庭托兒所，二位褓姆可全日照顧八位幼兒，而部份時段只能照顧二位幼兒。在特殊情況時，最多可由三位褓姆負責十二位兒童。團體家庭托兒所必須得到地方政府的許可，有時是附設於一般托兒所。

（四）遊戲團體（playgroups），課後班（after-school care）

為了幼兒、父母、居家褓姆和其他保育員，地方政府提供遊戲團體和開放式托兒所，其用意在於提供更多樣性的活動。這些活動是免費的，希望孩子們可以透過多樣的活動形成他們的社交網路。路德教會和其他非政府組織也提供這類遊戲團體。由路德教會提供的遊戲團體的指導員受教會的監督，同時由教會的大學訓練，團體內也是以宗教教育為主。參加的兒童年齡在四到六歲之間的佔

60％，參加的時間每週一至二次，共數個小時。

地方政府也依據兒童日間照顧法案安排了課後班，但是因爲經濟衰退，經費消減，課後班漸漸減少。最近幾年，有越來越多針對在學兒童安排的午後活動、學校社團、以及自願性的團體服務。事實上，因爲父母們意識到學校以外的社交和教育機會對小孩的正面影響，因此，幼兒教育與保育的需求量還大於目前的供應面。

（五）學前教育（Pre-school education）

在芬蘭，義務教育起始年齡爲 7 歲，學前教育指的是幼兒進入義務教育的前一年（6 歲）。直到 1996 年，學前教育就由幾個不同的團體提供－日托中心、居家褓姆、教會或學校。中央政府規定，學前教育必須提供 400 小時免費的課程，這 400 小時的費用由各地政府補助。目前大約有 87％ 的六歲幼兒接受過學前教育。不論是各地政府或父母，都很支持這樣的制度。

芬蘭新政府在 1999 年通過了更進一步的六歲學前教育改造方案。新的課程一共有 700 小時，平均每一星期 18 小時。從 2001 年 8 月開始，學前教育已變成各地政府的義務和每個家庭的權利。雖然學前教育是自願性的參加，但在大力鼓吹之下，預計將有 90％ 的兒童會參加學前教育。現在，超過 80％ 的學前教育機構是附設於日托中心，但政府將決定未來要設立的學校，必須設有學前教育的設備。

幼稚園和小學老師是計畫學前教育的主要負責

人。在日托中心，所有教職員一同參與學前教育是很普遍的。在芬蘭，藉著遊戲學習、和同儕互動及成人所提供的活動是學前教育的中心基礎。與其強調老師的教學技巧，學前教育更重要的是去了解幼兒的學習特性。

五、師資／工作人員

與北歐其他國家一樣，芬蘭負責教育與保育幼兒的工作人員的編制簡單，大致可分為：幼稚園老師、保育員（nursery nurse）、特別顧問（special needs advisor）、遊戲指導員（playgroup leader）、家庭式托兒所經營者（family day care provider）及褓姆（childminder）。

雖然編制單純，但每一個工作之間還是有地位高低的不同。性別方面比例也是不平均的，在這領域中工作多數是女性。芬蘭政府公平會（The Equality Program of the Finnish Government）也注意到這個結構不均衡的現象。一般而言，雖然有合格的男性被錄用，但在整體幼稚園的比例，男性還是只有4%。到了1998年，欲至幼稚園工作的申請者之中，有12%是男性。薪資低和不高的社會地位是使人們不太願意做這份工作的原因，從表3-2的薪資對照可發現小學老師仍舊是薪水最高的。

表3-2　芬蘭幼兒教育與保育工作人員薪資對照表

職稱	月薪（單位：FIM）
日托中心主任 （head of day care centre）	11,442
幼稚園老師	9,393

職稱	月薪（單位：FIM）
保育員	8,857
保育助理	7,543
家庭托兒所經營者及褓姆	7,747
小學老師	11,547

註：2003 年 2 月，1FIM 約合新台幣 5.2 元。

在 1995 年，師資培訓有了重大的改變。幼稚園學院（Kindergarten College）廢除，幼稚園課程改成由大學系統接手。但「幼稚園老師」這個名稱至今卻仍被用來稱呼幼教老師。主修幼兒教育的大學生，在畢業取得學士學位之後，有機會再選修學分並取得碩士學位。此外，幼兒教育與保育也包括了科學的訓練。

在幼兒教育與保育提供了各種不同層面的入門教育和專業訓練：

❏ 幼稚園老師接受了不同程度（三至四年半）的大學訓練，有些甚至是碩士學位。

❏ 社會教育者就讀三年半的技術學院，主修社會科學。畢業後可以在日托中心、福利機構和社工機構工作。

❏ 保育員需有社會健康領域的三年高職學歷。

❏ 在教會成立的遊戲團體中，遊戲指導員需有三年高職學歷，以及兩年半在教會大學中接受宗教方面的訓練。至於其他的遊戲團體，則需符合地方政府或機構所規範的不同資格。

❏ 家庭托育工作者及居家褓姆的訓練，在每一個地方都
不一樣。但他們權益和其他幼教托育工作人員一樣。
2000年8月起設有40學分的技職訓練，採自願參
加。

大學及技術學院都有不同的學位要求及課程，照顧有
特殊需要幼兒的老師需接受更多的課程。在八所提供幼教
師資培訓的大學中，有一所大學以瑞典語講授所有課程。
大部份的家庭托育及居家褓姆的監督者，具有幼稚園老師
和社會工作者的資格，擁有教育學士或碩士。但居家褓姆
的訓練是與其他幼教師資訓練最不相關的。

在職訓練是納入公立學校老師契約，但一年只有四
天。日托機構工作人員則無這種規定，所以他們要自費參
加，有些地方政府會給予補助。雇主有責任支付這項在職
訓練，但不是絕對的義務。各地方政府也有不同的程度的
支持，其中有些地方政府顯得較積極且願意補助較多。

六、經費

芬蘭是一個社會福利制度良好的國家，其社會福利制
度是由中央政府和各地方政府共同負責。經費上，中央政
府的補助平均佔了地方健康支出和社會補助（包括日托中
心和其他幼兒服務）的24.4%，教育方面則佔57%。有
嚴重財政困難、大量移民或眾多特殊需要的居民的地方政
府，可以獲得額外的補助。實際上經費的運用分配是由地
方政府決定。地方政府也仰賴地方稅收，地方稅收佔了地
方總經費大約17.67%。

　　根據法律，雖然教育、社會福利和健康的預算需在財政和行政上區分開來，但有些地方政府在行政上整合了保育和教育，財政上則由中央及地方共同負擔，並可適當的向家長收費。地方政府每個月依照家庭的大小與收入來收取幼托費用。事實上，許多家庭的收入在經濟門檻之下，而不必付幼托費用。對所有家庭來說，幼托費用一個月的最高不超過 1100FIM（約新台幣 5,720 元）。雖然家長只需付十一個月的錢，只要家長要求的話，幼兒仍有權利在第十二月時去日托中心，此情形在 2000 年有所轉變，家長需付 12 個月學費。據估計，家長支付的費用約佔了地方政府幼兒教育與保育開支的 15%。

　　人們對地方政府控制中央補助和地方稅收感到憂心。在經濟衰退的時候，有些地方政府對兒童、移民、心理健康服務的預算都被大幅縮減。而且，芬蘭的人口老化加重了地方服務的負擔。根據統計，編列照顧老年人的預算是幼教預算的八倍。但是照顧這些曾經對社會有貢獻的老年人並不單單只存在芬蘭這個國家的問題。

　　基礎教育法案（The Basic Education Act）規定教育是免費的。因此，學前教育不論在日托中心或是附設在小學之下的學前班都是不用付費的。國家和地方政府學前教育的責任包括了餐點、學習教材、健康及牙齒保健工作。如上述，國家的教育補助佔了地方資金的 57%。日托中心的幼兒所獲得的補助是小學學童的 85%。

　　和健康與社會事務部不同的是，教育津貼是直接補助

學校，不僅是公立幼教托育機構可接受補助，私立機構也可接受相當於公立機構90%的補助。

七、幼兒教育與保育相關政策

就像其他北歐國家一樣，家庭爲重的社會政策深植在芬蘭社會。社會事務及健康部規劃了三項主要社會保護政策：（1）使每個家庭的經濟收入均等，以確保兒童不會處於經濟短缺的困境；（2）調和父母雙方在工作和家庭的責任；（3）對處於困境的家庭提供支援。以下爲各項津貼及假期類別進行說明。

（一）居家照顧津貼（home-care allowance）

每育有一個孩子，父母可每月領取由國家補助、免稅的兒童津貼。1990年起，居家照顧津貼（home-care allowance）使得許多父母可雇用褓姆，或由父母其中一人在家照顧他們的小孩。儘管這個在家看護津貼在某些方面會妨礙就業率，芬蘭婦女的就業率在OECD會員國中仍然是在水準之上。總而言之，整體的政策是在於調和就業和父母的責任，同時推動男性和女性之間更公平地分擔對小孩養育責任。

依據這樣的計畫下，在家的父母每月可收到約1,500 FIM（約新台幣7,800元），再加上三歲以下小孩的津貼約500 FIM（約新台幣2,600元），和三歲以上小孩的補助約300 FIM（約新台幣1,560元）。除了基本的居家照顧津貼，每一個家庭還可領取與收入相關的補助，此補助的金額取決於每一個家庭的收入。此補助的最高上限是每

個小孩每月1,000FIM（約新台幣5,200元）。整體而言，全芬蘭家庭平均每月的補助額約2,151FIM（約新台幣11,185元）。每個幼兒被賦予「選擇性的權利」（subjective right），他們可選擇無條件進入公立幼托中心就讀，但若家長接受居家照顧津貼，該幼兒則不得進入當地幼兒教育與保育機構就讀。

（二）產假和育嬰假

整個產假和育嬰假長達263個工作天，包括了星期六（共約11個月），其中大多數使用產假與育嬰假的都是女性。在產假和育嬰假期間，全程給予家長津貼（parental allowance）。但在前18週，只有母親可以享有家長津貼，18週後才可自行選擇由雙親任一方或同時接受津貼，津貼的多少則取決於收入。在1998年，家長津貼支付了98,900位女性和40,500位男性。女性每天平均收到173 FIM（約新台幣900元），男性每天平均收到272 FIM（約新台幣1,414元），大約是平均收入的66%。

在育嬰假的最後，父母中的其中一位有權選擇離職待在家裡照顧小孩直到小孩三歲爲止，稱之爲「育兒假」（Childcare leave）。爲照顧小孩而離職的父母，在假滿之後有權利返回崗位工作。地方政府付給這些父母（其中96%是母親）居家照顧津貼。在1998，這些津貼造福了60%三歲以下小孩，共造福了131,200個家庭。

（三）部份照顧假（partial care leave）

如果父母和他們的雇主同意的話，可以縮短工作時數

而不用被扣錢，這種稱爲部份照顧假（一天最多 6 小時或一周最多 30 小時）。部份照顧假可以持續到小孩滿七歲爲止。在這種情況下，父母還可以領取津貼直到幼兒滿三歲，大約是每一個小孩約 375FIM(約新台幣 1,950 元)。

（四）私人幼兒照顧津貼（private childcare allowance）

幼兒進入小學前，政府提供私人幼兒照顧津貼，家長可選擇僱請褓姆或是將幼兒送到合格的幼兒教育與保育機構。基本上每個幼兒每月補助 700FIM（約新台幣 3,640 元），最高爲 800FIM（約新台幣 4,160 元）。

（五）妊娠及幼兒健康醫療診所制度（antenatal and child health clinics）

所有的懷孕婦女、新生兒及其父母都包含在妊娠及幼兒健康醫療診所制度中，這是某些地方政府提供的社會和健康服務。確保懷孕婦女的健康，和輔助父母預備新生兒的到來，是妊娠醫療診所的主要目標。至於幼兒健康醫療診所則著重在支援兒童的成長和提供關於新生命的指導。這些工作逐漸著重家庭的心理和健康福祉。對有特殊需求、殘障的兒童的特別照顧，反應出芬蘭人對兒童的觀點。值得一提的是，芬蘭的嬰兒死亡率低於歐盟的整體比例。

八、品質監督和控制

各行政層級都有監督幼兒教育與保育的基本架構。除了國會，主要的單位有：社會事務與健康部、教育部、國立福利健康研究發展中心、全國教育處、中央辦公室

（the Provincial State Office）及地方政府。將來，監督和控制的單位將會走向「以顧客為中心」（client-centredness）。這代表從透過中央政府資助的導向系統轉變為消費者意識的導向系統。顧客導向不是指學校的私立化，而是家長與公私立學校之間的合作互動關係。

教育部和社會事務與健康部正在研發監督品質的方法，特別是衡量消費者的需要是否有達到。在地方層級，有關幼兒教育與保育的事務由幾個行政單位負責：社會與健康照顧局，教育局，青年和休閒局。品質監督和評鑑的方法主要有三：

（一）在托兒所和父母之間，採書面紀錄兒童成長和發展的契約（written care and development contract）。除了有關兒童發展的基本資料外，這份文件還要包括幼兒發展中的里程碑記錄表、幼兒社會情緒發展記錄、以及幼兒學習動機及心理傾向。雖然這樣子的契約可以顯示每個幼兒的個別需求，但並沒有很多縣市使用。

（二）每個幼兒的成長檔案夾（growth portfolio）。成長檔案夾紀錄了每個幼兒生命和成長過程。除了老師的評語及記錄外，幼兒也可以對檔案夾有所貢獻。他們可以加入照片、畫圖並記錄有意義的事件。孩子可以帶著他們的檔案夾到新換的日托中心和學校。

（三）定期使用問卷，以瞭解家長的回應。使用問卷，可以瞭解家長認為上述的契約是否設計適當，及其滿

意程度。問卷上會有開放性的題目，讓父母詳細的針對好或壞的部分提出建議。大部份的城市使用的都是類似的問卷題目。

其他品質提升的方法：

（一）聘請較多的教學顧問來提供額外的支持，協助幼兒發展及特殊需求的幼兒。

（二）定期及清楚的親師溝通系統。每天和父母接觸是最自然，最有效的交流方式。有五個常用的檢視品質指標：親子契約（parent-child contract）；個人需要的滿足和對個人的特別關注；外在環境的舒適及滿意度；教職員工的自我評量；兒童的自尊。一個成功的幼托機構必須達到這五個標準。

（三）教職員工的自我評量，包括是否做好與父母的聯繫、對特別兒童的照顧。

（四）行動研究。芬蘭的研究經費很高，1999年時，約佔其國民生產毛額之2.9%，同年期間，由250個地方當局及大學發表關於幼教領域的研究報告及發展計畫高達1,000篇。在老師與研究者之間建立合作網路，並可刺激對於品質及專業反省的對談。

九、特殊兒童的教育需要

在芬蘭，有特殊需要的幼兒被賦予很多關注。將特殊幼兒回歸到一般幼教托育機構是芬蘭的政策。特殊幼兒包含了身心障礙、學習障礙、社會情緒障礙及因文化或語言因素所產生的特殊需求。在許多城市，受過特別訓練老師

會幫助特殊幼兒、家長及該班老師。有特殊需要的幼兒有個人助理來協助孩子在一般日托中心就讀。但是，這樣的個人助理很少是受過訓練的。因此，法令要求地方政府擬定一個方案，可以和父母、社會機構合作，來幫助特殊幼兒成長和學習。

在學校方面，必須為每一個特殊幼兒擬定學習計劃。這個計劃包括了兒童的能力、可以達到的程度、教育目標、教育組織的描述、負責人員的編制，以及兒童能力的評量。這個計劃和父母以及負責這個兒童教育的人員合作。除了教育，範圍還包括了支持的服務。學校對於特教所提供的實際支持令人印象深刻，包括了特殊設備、大量相關研究、及對特殊兒童的高度投入。更有 30% 的有心從事幼稚園老師的學生會選修特殊教育課程。

除了對於特殊幼兒的實際幫助，芬蘭也著手於特殊教育的預防。「健康寶寶篩選」（Well Baby Screening）是預防系統的基礎，已有 98% 的家長參與這樣的預防篩檢。幾乎每一個小孩從懷孕期到 7 歲這段時間內都定期接受檢查。大學研究更進一步地蒐集這些資料，並且發展出量表，其中包含兒童的社會情緒發展和整體的認知發展。從蒐集到的資料中，可以相當程度的預測社會情緒障礙的發生。這樣的早期介入方式對於促進正向的學習行為以及後來學業上的表現有著巨大的影響。這個發現和許多國際上的研究吻合，同時也加強了早期介入在幼兒教育與保育的品質上的重要性。然而，1990 年代的經濟衰退對於幼兒和青少年的影響遠大於其他年齡層，一些為兒童和青少

年提供的服務因而減少了，但事實上這些服務的需求量卻
在增加。

肆、課程與教學

　　在芬蘭，幼兒教育與保育的課程已經變成確保幼兒教
育與保育是符合幼兒發展的、有結構的及高品質的。在中
央層級，全國教育委員會在與專家及幼兒教育與保育領域
的相關人士廣泛的商議之後，明定了全國性的六歲學前教
育與小學一級及二級（form 1 and form 2）的原則性準
則。雖然六歲的學前教育課程有特定的內容科目，但課程
準則的優先考量在於幼兒的最大利益、社會價值觀、學前
教育的目標。

　　六歲的學前教育課程為指導性的架構，但就像其他北
歐國家一樣，地方政府保留了許多幼兒教育與保育的計畫
權：政策的制定、調整國定課程以符合地方需求、品質控
制、財政支持等等。在地方層級方面，各地方政府將國定
的課程準則規劃出更詳細的發展和學習目標以反應出地方
的特色和需求，調整後的國定課程則具地區特色。例如：
鼓勵幼稚園和學校合作，或成立雙語教學的幼稚園，或提
供其他符合父母特別要求的學校。教育哲學和目標，方法
和評鑑過程，都由地方政府決定。

　　在學校層級方面，所有的教職員、父母、兒童一起合
作以決定課程的內容，但並非每個學校都能這麼做。除了
年度計劃之外，更需包括以下細節：如何照顧有特殊需要

的幼兒？每一個有特殊需要的兒童如何安排其計劃？評鑑
必須反應出每一位特殊兒童受保障的人權。

在芬蘭，大部分的日托中心採用福祿貝爾教學法，且
同時受到大學所提供的訓練及研究所影響。其他的教學法
尚有：蒙特梭利教學法、史坦納教學法（Steiner）及最
近由瑞吉歐（Raggio Emilia）啓發的方案教學。

芬蘭的學前教育學習方法可從社會事務與健康部的一
段文章中看出，

「學前教育包括了以主題式及方案式的方法，與幼兒
一同探索各種現象，不同主題會縱貫各個科目。許多學前
教育的主題和初入小學有連貫。學前教育爲日托中心和學
校教育搭起了一座橋樑。」

此外，遊戲在課程中佔很重要的部分，從學校建築中
可反映出這點。有的幼托機構有大樹供幼兒攀爬；小夾層
閣樓供幼兒躲藏、放鬆或進行單獨遊戲；寬廣的遊戲空間
或活動室供幼兒做冒險性或較不受限制的活動。

伍、議題

芬蘭有關幼兒的各種措施都是高標準，包括高品質的
建築，兼具實用性和美感；高水準和訓練有素的師資及合
理的師生比。但在實施面上仍面臨以下議題：

一、學前教育課程

目前在芬蘭，幼兒教育與保育最主要的討論點是在整

合六歲的學前教育課程和小學第一級、第二級的教育。目前芬蘭在課程發展方面或是內容教材方面具有創新性，但在將來課程的實施時將會面對挑戰，如：師資與工作人員的職前及在職培訓、學校與日托中心的上課時數及舊的課程評鑑方法之適用性等。

芬蘭對幼兒的態度是賦予他們權利以及培養其獨立性。立法是以幼兒的福利及其「心聲」（voice）為中心。為出生到六歲的幼兒所規劃的課程準則，應該增強均衡的童年（childhood）概念，以及清楚闡明欲達成的目標。但在芬蘭要使人民了解到六歲以下的學前課程不單是幫助家長的親職工作，更是要培養兒童的發展和學習，這是另一個挑戰。有些幼托機構的角色，特別是家庭托兒所，似乎並不是為了兒童的需要而存在，也不是為兒童提供活動和學習的機會，或給予專業的指導，相反地，它是為了讓父母在工作時能減輕照顧兒童的負擔。

二、幼兒居家照顧津貼

芬蘭家長在小孩滿三歲前都有權利請育嬰／育兒假。在這段期間，家長每個月可領有居家照顧津貼。然而，在高失業率期間，工作不好找，這樣的補助正好成為育有子女的家庭的一種社會福利。然而，許多政策制定者希望保護到的幼兒，並沒有在一開始就進入這個系統，例如：移民幼兒或低收入家庭幼兒。居家照顧津貼可能取代低收入家庭的薪水，而使得幼兒待在家中的時間增長，移民兒童更可能因各種原因選擇待在家中，也因此被剝奪了接觸芬蘭文化語言，以及和其他同年齡兒童互動的機會。

公平行政督導使（The Equality Ombusman）十分關切對那些選擇留在家裡照顧幼兒的母親，因為這很容易導致家長間的疏離感。在男女平權上，對婦女而言，待在家裡太久會削弱在職場上的競爭力。

三、課後保育

對於六歲幼兒在下課後的托育仍有日托中心接手，但7-8歲小學生在下午一點下課後的托育似乎出現斷層。學齡兒童在課後保育的問題，是一個值得注意的現象。

四、系統監督和品質評鑑

許多地區的品質評鑑十分完善，尤其是那些有高水準和訓練有素的教師學校。中心主任、老師和行政人員都了解品質維持的重要性，學校 - 家長間的契約、幼兒成長檔案夾和家長問卷調查，在品質控制上是非常有效且廣為使用的。整體的幼教托育系統主導權還是由社會事務與健康部控制。隸屬於社會事務與健康部的國立福利健康研究發展中心扮演重要推手的角色，而負責教育系統的全國教育委員會在此品質監督系統中卻已不具功能。在推動幼兒從幼教日托系統順利地轉換到義務教育學校系統時，國立福利健康研究發展中心及全國教育委員會應有更多的聯繫合作。

五、師資培訓和薪資

高品質的幼兒教育與保育在於訓練有素的師資 / 工作人員，並有持續的在職進修。在芬蘭雖有高品質的職前培訓，家庭托育工作者及保育助理的訓練顯然較差，而現職

工作人員及老師也需要在職進修。課後班老師的訓練也與
課後班的教學保育品質息息相關。

陸、結論

　　有創造力、團結的社會必須依賴社會正義及對於全民
權利和責任的關心，其中當然也包括幼兒。對於兒童權
利、公平與平等的關心，一直是芬蘭政策制訂上的基石。
此外，芬蘭對有特殊需要的幼兒、婦女的權利、選擇工作
機會的權利等議題投注持續且密切的關注。

　　中央政府和其他相關機構人員（如：地方政府、專業
人員、聯盟、家長與幼兒）之間的平衡具有彈性，雙方在
政策決定上的互信度之高，可從決策的相互關係從中央控
制轉為以消費者為中心可見一斑。

　　芬蘭發展一系列令人印象深刻的幼教福利制度。在經
濟允許的範圍內提供高品質的幼兒教育與保育讓父母和兒
童有多樣性的選擇。為了提升兒童的福利，健康、家庭和
社會福利領域相有相互連結。這種有系統的整合，不但重
要，而且效率高。

　　然而，幼教托育的師資及工作人員還有進步的空間。
在職教育也似乎是一個弱點，因為幼教托育系統的老師需
自費，且佔用了老師們的自由時間。此外，在性別均衡方
面，合理的待遇才能吸引更多男性投身於幼教工作。

Chapter *4* 丹麥

壹、生態與環境背景

一、人口背景

　　丹麥有 530 萬人民，人口密度是每平方公里 120 人。其中 29 萬人是外來移民。通用語言是丹麥語，大多數丹麥人是新教徒。因此，就語言、種族和文化而言，丹麥是個同質性高的國家。

　　然而近三十年來，因移出及移入的人口使得丹麥的人口結構產生改變。自 1970 年代起，丹麥開放外籍勞工進入勞動市場，來自土耳其、南斯拉夫、巴基斯坦等外籍勞工舉家遷入；更有來自伊朗、巴勒斯坦、智利、索瑪利亞等受戰爭迫害的難民來到丹麥；再加上來自英國、瑞典、美國等西方文化的居民，對丹麥的單一文化傳統帶來衝擊。至 2000 年 1 月 1 日，外來移民達到總人口的 4.1%，而這些移民多分佈於哥本哈根（Copenhagen）、阿爾胡斯（Aarhus）和歐登色（Odense）三大城中。

　　這些移民的第二代多為雙語兒童，丹麥政府為鼓勵雙語兒童進入日托中心，優先提供托育服務給這些雙語兒童，加強語言的學習，使這些雙語兒童熟悉丹麥語，讓他們對丹麥的傳統文化有所認識。但是，新移民接受 0~2 歲托育服務的比例很低（25%），3~5 歲的托育服務（65%）也比丹麥人的接受度低。這可能是新移民的文化並不鼓勵家庭讓幼兒在托育中心待太長的時間，也可能不像丹麥文化如此強調兒童獨立於父母之外的觀念。丹麥政府很努力嘗試讓新移民接受「獨立」的價值觀。

　　在人口的組成上，可以看到文化差異對於幼兒教育的影響。一個政府認同教育能夠幫助新移民融入其社會，但新移民的原有文化價值觀造成他們對於幼教的接受度的影響，相對地也可能減低政府政策的效益。

二、社會背景

　　丹麥是歐洲最古老的國家之一，力行民主憲政，由國會代表國家的最高權力。 1849 年制訂的憲法是丹麥的民主基礎。行政上，分為 14 個郡（amter），及 275 個市鎮（kommuner）。地方政府擁有相當的自主權，負責 70% 的政治活動，以稅收的 30% 作為運作經費。各地區收入差異來於中央政府的補助款，地方政府可自行運用。為防止公共支出的增加，近來有共識不應再增加稅收及支出。如果地方政府想增加某一方面的支出，便要減少另一方面的支出。

　　市鎮政府負責稅收、兒童托育、 7-16 歲兒童教育、

成人教育、圖書館、文化及運動設施、家庭補助及老人照顧。郡政府負責特殊兒童的日托服務，醫院及高級中等學校。

　　丹麥的政治體制具有高度「去中央化」（decentralisation）之特色，所以地方政府享有相當大的自主權。對於日托機構，中央政府僅列出指導方針供地方政府依詢，地方政府依各自需求，訂立各自的規定，全權負責日托機構運作之事宜，而私人日托機構也必須經過地方政府的許可才得以設立。如此一來方能使資源更有效地利用，也使得立法更具彈性，適切符合地方的需求。

　　丹麥社會對於家庭和幼兒抱持著以下觀念：家庭為養育幼兒的基石；幼兒的生活狀況為父母的責任；所有有需要的小孩都應享受公共托育服務。因此，丹麥的幼兒教育與保育系統同時具有教育、保育及社會福利功能。雖然政府負擔大部分幼教費用並負責提供幼教服務，但所有與幼兒相關的方案或目標都需要與家長諮詢並取得同意。

三、經濟背景

　　丹麥生活水準高，貧富差距小。近二十年來，越來越多的婦女投入就業市場，影響社會家庭結構的改變，也提高對社福政策的重視。根據國立丹麥社會研究所（the Danish National Institute of Social Research，簡稱 SFI）於 1996 年的統計，雙親每週工作時數相當地長（父親每週 42 小時；母親每週 36 小時），16~66 歲的家庭婦女有 75% 投入就業市場，而 22~44 歲的年齡層更高達 85.7%

（通常有一個小孩），這樣的比率通常男性更高於女性。
那麼就業市場該如何結合工作、家庭、兒童，並提供時間
與空間讓親子增加互動？

　　父母親積極投入職場，幼兒們待在托育機構的時間也
增長，對於托育機構的型態、開放時間需彈性且多樣，同
時兼顧品質。日托機構針對各種不同的需求而有不同的服
務，例如配合父母工作時間而有全日、半日的日托服務、
課後托育中心，甚至也有夜間托育的服務，使托育服務更
具有彈性。而中央也立法修訂育嬰假、親職假的規定，讓
父母親有更多照顧子女的機會。

貳、幼兒教育與保育發展源流

　　丹麥目前幼教政策目標有三：一為給予孩童平等普及
的幼兒教育，二為支持父母（尤其是母親）就業，三為實
現男女平等。受社會服務法（The Social Service Act）
管轄的日托服務可分為三大項，分別為日托機構 （day-
care facilities）、居家褓姆（childminders） 和所謂的地
方政府委託合作的私人機構 （puljeordninger）。以下從
這三項幼教機構的歷史來看丹麥幼教發展的源流。

一、日托機構（Day-care facilities）

　　日托機構成立初期多為私人創辦，直到 1987 年，正
式由地方政府負責日托服務運作事宜，以及私人機構之核
准。以下為日托機構之歷史發展：

　　追溯到一百七十多年前的 1820 年代，由於城市化、

工業化的興起，大量家境貧困的婦女投入職場，兒童托育成了一大難題。於是私人機構成立育幼院 （asylums），照顧家境貧困的 0~7 歲兒童。育幼院便是第一個日托機構。直到 1900 年，已有一百多家育幼院成立。

1850~1900 年間，另一種形式的日托機構也成立了：開放給年齡 3~7 歲，專為來自小康家庭的兒童所設立的半日幼稚園（part-time kindergartens），是第一個具有教育理念的日托機構，其觀念來自於幼兒教育家福祿貝爾重視兒童教育的理念：兒童透過與同儕的互動與活動的參與而成長。

1901 年，公立幼稚園協會（Folk Kindergarten Association）成立，其他私立幼稚園紛起而效尤，並且因應龐大人口的需求，成立全日幼稚園（full-time kindergartens）。 1912 年，由於供不應求，12 家公立幼稚園轉型成了全日幼稚園。

除了幼稚園，招收 0~2 歲幼兒的托嬰中心（crèches）和招收學齡兒童的課後托育中心（after-school centres）也成立了。第一家托嬰中心於 1849 年由私人成立，但七年後，因有疾病感染的危險性而被迫關閉。直到 1882 年，衛生標準提昇後才又正式開放，但成長的速度十分緩慢，到 1927 年為止，只成立了二十六家。托嬰中心主要由專業護理人員管理，確保兒童身體健康。

第一所課後托育中心在 1874 年成立，至 1919 年僅成長至 20 家。而第一所政府資助的幼稚園也在 1919 年開始招生。

二次世界大戰後，婦女投入職場的人數增加，日托機構僅在哥本哈根（Copenhagen）等大城市裡提供。關於獨立日托機構（independent day-care facilities）的相關立法，於 1950 年代初期正式修訂完成。大多獨立的日托機構多由利益組織團體所成立。1960 年代末期，公立日托機構成立，以補私人日托機構之不足。這兩種日托機構都必須經由政府同意，同樣由政府與地方補助及父母支付。

1976 年，日托機構改由地方政府負責管轄，而由中央政府負責部分補助。直到 1987 年，地方政府正式全權處理日托服務。日托機構的 70% 是地方設立的公立日托機構，私人辦理的日托機構必須經由地方政府同意許可。然而，可能是地方政府所制定的相關法條太過嚴苛，近年來私人日托機構的比例下滑，而轉型爲公立日托機構。

二、居家褓姆（Childminders）

1964 年制定的「兒童與青少年照顧法案」（Child and Youth Care Act）規定政府得補助居家褓姆。公設的居家褓姆制度被視爲補充日托機構不足之處。1981 年起，居家褓姆制度擴展成爲可與日托機構接軌的機構，其目前的地位等同於托嬰中心。

和日托機構最大的不同之處在於：居家褓姆通常在私人住所照顧少數的幼童（英國將褓姆依照顧幼兒地點劃分成二種，在自己家中照顧幼兒者稱 childminder，至幼兒家中照顧幼兒者稱爲 nanny。）每位居家褓姆不得同時照顧超過五位 14 歲以下的兒童，但如果同時有多位居家褓

姆，地方政府允許他們最多能照顧 10 位兒童。如果居家褓姆本身也有不滿三歲的幼兒，地方政府也允許該幼兒為受照顧的一員。

地方政府僱請居家褓姆，也負責居家褓姆資格的篩選和居家內外環境的檢核。為了防止幼童與其他幼童、成人疏離，地方政府成立了活動中心，讓每位居家褓姆和其他幼童透過遊戲、活動，增加彼此互動的機會，此外，褓姆們通常會分成各個小組，使幼童熟悉其他褓姆。當居家褓姆休假或是生病，地方會派另一名代理褓姆（guest childminder）來照顧幼童，而通常就是幼童們所熟悉，來自小組內的居家褓姆。

為了更進一步支援居家褓姆，地方政府僱請專門的褓姆諮商者，提供教育、行政上的建議與協助，並且視察每位幼兒是否照顧得宜。

在私人褓姆方面，1888 年時，法律規定未經地方政府許可，照顧 14 歲以下兒童者不得支薪；之後，1964年的兒童與青少年照顧法案規定：未經地方政府許可，不得照顧超過兩名 14 歲以下的兒童。如果要照顧超過兩名不滿 14 歲的兒童，便必須得到地方政府的許可。其檢核標準和公立居家褓姆相同。

由於私人褓姆並沒有地方政府財政上的補貼，不屬於政府雇員，一切托育經費由父母支付或私人贊助。私人褓姆自行決定照顧的幼兒，費用則由父母和私人褓姆自行協調。

三、地方政府委託合作的私人日托機構（puljeordninger）

1990 年頒佈的「社會協助法案」（Social Assistance Act）為私人日托中心的成立提供法源，然而該類型機構必須要與地方政府的協議下才能運作。通常由某一地區的一群父母共同成立，有時也由私人集團集資成立的企業型式的機構（enterprise-based facilities），提供其員工的孩子加入，通常這些員工來自於不同的市鎮，具有跨市鎮之特質，這些來自不同地區的父母必須支付費用給該中心所在的地方政府，才得以享有日托服務。

地方政府通常會為每位兒童提供補助，但不一定會給該私人日托中心補助。但地方政府有權掌握日托中心的服務內容。

除了上述的三類幼教服務，在幼教發展史上在隸屬於小學系統中還有其他三個機構的成立與幼兒教育十分相關。

❑ 學前班（Preschool classes）

1963 年立法通過得以在公立小學下設置學前班（preschool classes）以招收未達義務教育年齡之 5-6 歲幼兒。

❑ 小學附設課前 / 課後班（School based leisure time facilities，簡稱 SFO）

1975 年，小學附設課前 / 課後班開始成立。最先的目的是為了提供年幼的學齡兒童一個日托環境，常設立

於學校之內或是學校不再使用的空間，如：教師宿
舍、地下室或其他可利用的空間設施。

小學附設課前／課後班所需的費用比正規的日托機構
來的便宜。1979年的「中小學法案」（the Folkeskole
Act）修正案規定：地方政府有權規定向父母索取日
托費用的多寡。1984年，地方政府能在正規上課以
外的時間，提供遊戲與活動給該校學童。

由於中央並沒有制定太多的相關條文，僅由教育部
（Ministry of Education）提供指導方針供地方遵循，
至目前為止，小學附設課前／課後班仍在運作，且由
各地方政府決定成立的數量。小學附設課前／課後班
由各校家長會負責監督，各校校長為小學附設課前／
課後班的課程活動負起教育和行政上的責任，課程活
動由主管（manager）執行，並呈報給各校校長。

❑ 幼小融合班（Integrated school start）

至1985年以前，在學前班中，正規傳統式教學是不
被允許的。然而，1985年所制定的法令，開放允許
學前班與小一、二年級的課程結合，使學前教育的兒
童有機會能和小一、二的學生一起上課，小一、二年
級的老師也能指導學前班的兒童，配合幼童的發展階
段，提供不同的教學課程，達到學習與遊戲並重之效
果。Integrated school start 的最大功效在於：它銜
接了幼稚園的遊戲教學與小學的正規學校教育。幼小
融合班是一項選擇性方案，由各地方地方政府自行決
定。在1997／98學年，約佔丹麥一半比例的224個

市鎮，其轄區內的 880 間小學成立了幼小融合班。其
他沒有幼小融合班的學校，則由學前班、小一、二，
在學期裡共同舉行活動。

整體而言，丹麥是公共托育的前鋒，從 1950 年代起
就開始拓展托育福利服務；近年「去中央」的意識形態興
起後，丹麥也在這一方面帶領潮流，將照顧福利服務推向
「地方自治」與「稅金支付」兩相結合的方向。民間組織
在丹麥的機構式托育中扮演重要的角色，經費大幅度由稅
金支付，以及少部分自付額，完全沒有營利，顯示民間社
會跟公家部門的密切連結，跟許多國家的「私化」
（privatization）做法是截然不同的。

此外，在幼兒照顧上，丹麥的居家褓姆制度反映出他
們不只是希望孩子受到照顧而已，更尊重幼兒是一個有知
覺的個體。在居家褓姆的安排及環境的選擇都考慮到一致
性及連貫性以帶給幼兒安全及信任感。更高層次地促進幼
兒的人際關係發展（如：幼兒與居家褓姆，幼兒與其他幼
兒）。

參、幼兒教育與保育組織、政策及法規

一、幼兒教育與保育現況

丹麥義務教育起始年齡為 7 歲。1-3 歲幼兒進入幼兒
教育與保育機構就學的比例為為 68％，4 歲幼兒就學的
比例可達 88.5％，5-7 歲幼兒則有 98％ 進入小學的學前
班。由於育嬰假的制度，使得家長得以自己照顧 0-1 歲的

嬰兒，因此鮮少使用幼兒教育與保育服務。各種幼兒教育
與保育機構的師生比則請參見表4-1。

二、主管機構

　　體認到幼兒和家庭的生活會受到法規及專業上多方面
的影響，丹麥並不規劃由單一部門來負責幼兒及家庭相關
事務，而是由各部門依專長各司其職。

（一）社會部 （Ministry of Social Affairs） 專司幼兒教育
　　　與保育中的保育機構。

（二）教育部（Ministry of Education） 負責學校教育的教
　　　學與人員之規定 （包括學前、初等、中等教育及課
　　　後托育）

（三）勞工部（Ministry of Labor） 負責執行育嬰假和親職
　　　假的規劃

（四）司法部 （Ministry of Justice） 確立兒童的法律地
　　　位。

（五）財稅部（Ministry of Taxation） 負責發放補助津貼
　　　款項。

（六）「跨部會兒童委員會」（Interministerial Child
　　　Committee） 及 「官設的兒童委員會」（The Gov-
　　　ernmental Child Committee） ，於1987年成立，
　　　涵蓋15個部會，由社會部擔任主席之職，處理對兒
　　　童、家庭影響重大的法案，成立目的在於協調統整
　　　跨部會重大議題，改善青少年、兒童的生活環境。

（七）兒童局 （The Child Council），於 1998 年 7 月 1
日正式成立，主要工作在於確保兒童權益、發表兒
童現況，提供政府有關當局建議與指導，溝通協調
兒童福利工作，確實監督兒童立法，並依循聯合國
所訂立的 「兒童權利宣言」（the Rights of the
Child）。此外，任何關於青少年兒童的法案，必須
諮詢過兒童局。

三、幼兒教育與保育機構

　　幼兒教育與保育的法源來自社會服務法，由社會部負
責，而教育部負責小學和中學教育，以及負責訓練幼教老
師及小學教師。由於丹麥的義務教育從七歲開始，因此提
供學齡前幼兒（0-6 歲）的各項托育機構大致包括：各項
日托服務（day-care facilities）、選擇性的六歲以下學前
班（pre-school classes）以及小學附設課前 / 課後班。表
4-1 將各種幼教機構分項比較：

表 4-1　丹麥幼兒教育與保育機構一覽表

歸屬系統	日托機構	中小學教育	
		學前教育	中小學
依據法規	社會服務法（Social Service Act）	中小學教育法（Act on primary and lower education）	
機構種類	1. 托嬰中心（creches） 2. 幼稚園（kindergartens） 3. 混齡托兒所（age-intergrated facilities）	1. 學前班：非義務教育，但約 98％幼兒皆接受一年制學前教育。 2. 校內課前 / 課後班 3. 幼小融合班	1.公立中小學（The Folkeskole） 2. 私立小學（Private elementary schools） 屬於非營利性質

（續）

歸屬系統	日托機構	中小學教育	
		學前教育	中小學
	4. 課後托育中心（after-school centres） 5. 居家褓姆（childminders）		
收受幼兒年齡	1. 托嬰中心：6個月到2歲 2. 幼稚園：3到5歲 3. 混齡托兒所：6個月到6歲，甚至可收到9、10歲 4. 課後托育中心：學齡兒童 5. 居家褓姆：0到14歲	1. 學前班：5到6歲（幼兒最早可提前於滿4歲10月時入學） 2. 校內課前/課後班最小可招收到三歲。 3. 幼小融合班從五歲起到小學二年級	1. 公立中小學 The Folkeskole：7~16歲學齡兒童（學校得視情形允許六歲幼兒入學） 2. 私立小學：7-16歲學齡兒童
主管機關	1. 公立機構：各地方政府 2. 私立機構：各機構自主運作，由地方政監督並補助運作費用。 3. 居家褓姆：各地方政府監督，家長共同管理，並派具專業知識的褓姆提供照顧幼兒方面的支持。 4. 郡政府負責特殊兒童的日托服務	1. 學前班及幼小融合班由地方政府管理 2. 校內課前/課後班由家長會（parent board）管理	由地方政府管理
收費	1. 1979開始由地方政府向父母收費 2. 每月平均收費： 1）托嬰中心：DKK2,186 2）褓姆：DKK1,659	學前班及幼小融合班由地方政府全額負擔，但校內課前/課後班每月收費約DKK858	1. 公立小學學費全額由地方政府負擔 2. 私立小學父母要負擔部分學費。政府負擔75-80%

（續）

歸屬系統	日托機構	中小學教育	
		學前教育	中小學
	3）幼稚園：DKK1,247 4）混齡托育中心：DKK1,323 5）課後托育中心：DKK871 （2003年2月，1DKK可兌換新台幣5.01元）	小學教育的預算並未增加，但因出生	3. 地方政府編列給 率下降，每個幼兒可獲得的預算提高
就讀時間長度	1. 受勞動市場所影響 2. 半天托育：上午或下午 3. 全天托育：每隔一天或一週兩到三天	學前班一天4到5小時	
公私立比例	公立：私立70%：30% （私立越來越少）		約12%學齡兒童就讀私立小學
機構功能	1. 促進兒童發展及獨立 2. 具預防性功能 3. 滿足兒童及家庭特殊需求 4. 私立（或稱獨立）機構可提供家長更多元的選擇	協助幼兒熟悉生活常規、學校教育生活，銜接幼稚園及小學。	獲得知識及技能，能獨立解決問題
工作人員	1. 主管（qualified manager） 2. 幼教老師（child and youth educator）：四年制教育學院畢業生，協助減少幼兒生理、心理及社會問題，可任職於日間托育中心、公立小學、課後托育中心及小學附設課前/課後班，學前班，需由教育部認可。	1. 幼教老師（child and youth educator），97％是女性。 2. 托育助理（nursery and childcare assisstants）	1. 學校老師（child and youth educator），並且要修畢關於小學課程的學分。要通過考試才能修這些學分。 2. 有些小學規定，在進入小學任教之前必須在pre-school任教過 3. 三分之二是女性

（續）

歸屬系統	日托機構	中小學教育	
		學前教育	中小學
	3. 托育助理（nursery and childcare assisstants）：沒有正式的教育學程，多是四年制教育學院學生在入學前參與一年。 4. 褓姆：丹麥有大約半數托育機構工作人員受過為期三年半的專業教育與訓練，其餘的一半為未受專業訓練的助理。到1997年之前，褓姆無須接受訓練，但是鄉鎮公所會為她們提供相關課程。從1997年起，托育機構助理和褓姆都必須接受為期一年半的訓練。		
師生比	1. 托嬰中心：1:3.22. 幼稚園：1:6.43. 混齡托兒所：1:5.8 （大的幼兒會幫忙照顧小的） 4. 課後托育中心：1:9.35. 褓姆：1：3.56. 特殊托育中心：1:1.4	每個班級有1.9個成人，包括教師和助理。	

（註：因可能有數位工作人員在同一個團體共同照顧幼兒，故師生比會出現小數點的數字）

91

從上面的比較來看，丹麥之幼兒教育與保育有以下特色：

（一）完善的公立幼兒教育措施

丹麥如同北歐各國義務教育都從七歲開始，比起一般歐洲國家的六歲或五歲晚了一至兩年。1990年代，雖然幼稚園教育在丹麥非強迫性教育，但由於高入學率（98％），使得是否該降低義務教育的學齡，或是延長義務教育的年限，成了備受爭議的民生議題。

由於北歐國家有別國所欠缺的完善學前公共托育措施，尤其是全日的機構托育，融合教育與照顧的功能，因此其兒童並未因為國民教育開始較晚而有發展遲緩或欠缺照顧之虞；相反地，其開始甚早、視野寬闊、持續不斷的終身教育體系，不僅解除了學前托育與國民教育的銜接困難，也使北歐兒童及人民以知識廣博、人格寬闊著稱。

（二）彈性的制度

現存法規並沒有明文規定這些日托機構招收幼童的年齡限制及開放時間，一切均由地方政府視各自需求而定。例如：由於職場工作時數更具彈性，所以，日托機制也可分為半天制（早上或下午）以及全天制（隔一天或一週兩到三天），更出現了兩週一次的托育服務。為了配合父母親的工作時間，有些地方政府甚至提供了夜間幼稚園和托嬰中心，使幼兒即使在晚上也能在那裡得到完善的照顧。有些地方政府也成立了森林幼稚園（forest and nature kindergartens），讓幼童有更多接觸大自然的機會。

然而，現今的趨勢為減少半天制的日托服務，原因是僅有少數的需求，而且並不符合經濟效益，人員的配合上也有困難。

根據社會服務法，非該法已列管的幼教機構經由地方政府推薦，社會部可准予該機構進行實驗教學。該項機制使得地方政府得以針對社會服務法規範下無法滿足的需求，尋找及測試可行的替代方案。事實上，近年內由這些實驗性的幼教機構所獲得的結果，使得社會服務法修改得更完善。

（三）跨系統的幼教服務的供應面

地方政府負責規劃幼教機構的供應量。對於現存的幼教服務機構進行統計，包括受社會服務法管轄的各種幼教機構及中小學教育法所管轄的的課後托育服務，估算將來可能的需求量，並確保所有需要幼教服務的家庭都能使用該項服務。

（四）去中央化

各幼教托育機構之主管機關多為地方政府，負責監督當地幼教機構品質（如：教育內容、工作人員資格、環境安全及衛生等），並依照地區需求來決定當地的幼教相關政策。

四、師資／工作人員

（一）資格

除了居家褓姆外，所有的日托機構都各有一位主管（manager）和副主管（deputy manager），兩者都是具

有正式資格的托育人員。主管負責機構教學與行政上的事務。另外，還包括兩類托育人員，分別是：幼教老師（child and youth educators）和托育助理（nursery and childcare assistants）。 詳細資格說明如下：

1. 主管及副主管 （Managers and deputy managers）

　　主管及副主管都是合格的專業幼教老師的升遷職位，許多教育學院、地方或私人機構都提供完整的進修訓練機會，幫助幼教老師獲得教育學位，或是訓練教育行政方面的工作。類似課程也在成人職訓中心 （adult vocational training centers）提供給托育助理進修。

2. 幼教老師（Child and youth educators）

　　專業教學人員的訓練計畫可回溯至一百多年前，直到1992 年，才將這些訓練計畫整合爲一，成立幼教師資培訓計畫（the study programme for child and youth educators），訓練時間爲期三年半。

　　丹麥有 32 所大學提供這樣的訓練課程，理論與教學實際並重，學生畢業後可進入日托中心、校內課前／課後班和學前班工作。所有的訓練課程由教育部負責，政府公費全額補助，學生獲得的訓練是免費的，並且每個月領有DKK3,907，享有每月低利貸款 DKK2,301。在實習期間，同樣也支付薪水。

　　學生在學校所接受的訓練課程包括：

❑　30% 的教學理論、心理學

❑ 20%的社會與健康教育（social and health subjects）

❑ 40%的文化與活動（culture and activity subjects）
，包括：丹麥文、音樂、體育、團體活動、戲劇和自
然科學

❑ 10%的溝通、組織、管理能力之訓練

如此多樣化的訓練課程目的在於培養老師成為專業教
育者，具有溝通、協調、領導能力，善用肢體語言與幼兒
互動，並且能配合每位幼兒，給予適當的指導照顧。

多年來，這個訓練計畫十分受到年輕人的青睞，吸引
許多人報名參加，1999年時，約有18,000人報名該訓練
課程，但只有75%的申請者得到訓練資格，原因在於參
加人數太多，政府不得不限制參與的人數。值得一提的
是，就讀者的平均年齡為27歲，較一般國家年長；就讀
男性比率與其他國家相比也高出許多。

另一個成為合格的幼教老師的管道就是參加非全時性
的進修課程（part-time programme）。申請者必須具備
五年以上的教學或相關經驗，但是該訓練計畫並不包含支
薪的實習機會。

目前由於日托中心、課後托育中心的不斷增加，對於
幼教老師的需求量仍是非常地大。

3．托育助理（Nursery and childcare assistants）

關於托育助理並沒有特殊的要求限制，也沒有正式的
教育學程，多半是來自教育學院的學生（18~25歲）在入

學前擔任一到二年的托育助理，同樣也支付薪水。

1997 年，成立了 PGU（padagogisk grunduddannelse）的基本訓練課程，多設立於護理學校（social and health schools）、少數教育學院和成人教育中心 （adult education centers），並提供有志成為托育助理的人一個進修的管道，在為期 18 個月的訓練期間，受訓者同樣支領薪水。

4. 居家褓姆 （Childminders）

1997 年以前，居家褓姆無須接受專業訓練，但地方政府會為她們提供相關基礎課程（introductory and basis courses），從 1997 年起，居家褓姆和托育助理同樣參與為期一年的 PGU 訓練課程。此外，居家褓姆也可加入要求至少有五年相關經驗的幼教師資培訓計畫（Child and youth educator programme），以獲得更專業的認證。

5. 小學老師 （Folkeskole teachers）

公立中小學法（The Folkeskole Act）規定，教師必須接受幼教師資培訓計畫，才得以在學前班任教，目前在學前班老師有 97% 為女性。

若要任教於小學一至十年級，則必須在教育學院裡，修畢為期四年教師訓練課程，其資格等同於英美大學學位。課程包括：

一般基礎科目：教育理論、心理學、社會學、宗教、學校教學

主要科目：必修的丹麥語和數學，三科選修科目：三
大領域－人類學、自然科學、應用美術小學教師的性別比
例爲: 女性教師佔三分之二，男性佔三分之一可。

（二）工時與薪資

擔任幼教老師（Child and youth educators）和托育
助理（Nursery and childcare assistants）的全職人員每
週工作37小時；居家褓姆（childminders）每週工作48
小時。如同丹麥其他種類的勞工，幼教老師、托育助理和
褓姆在假日、生病及幼兒、父母不在時仍可支領薪水。各
種老師及工作人員之薪資詳見表4-2。

表4-2　丹麥每月薪資比較表

幼教老師（Child and youth educators）	DKK 20,700
主管（Managers）	DKK 25,900
托育助理（Nursery and childcare assistants）	DKK 16,000
居家褓姆（childminders）	DKK 17,200
學前班老師（Pre-school teachers）	DKK 22,300
小學老師（School teachers）	DKK 23,300

註：2003年2月，1DKK可兌換新台幣5.01元

丹麥的國民生產毛額（GDP）爲30,300美元（約合
新台幣1,027,170元），根據表4-2的月收入，以幼教老
師爲例，可計算出其年收入爲DKK 248,400（相當於新
台幣1,244,484元），高於丹麥的國民生產毛額，由此得
知，丹麥幼教老師及工作人員待遇佳，其中又以機構主管
待遇最高，學前班老師老師次之，托育助理最低。

　　雖然丹麥許多學生選擇成為幼教老師，目前對於幼托機構人員仍有大量短缺的現象，這是由於政策強調提高幼兒受教機會，為減少「等待名單」（waiting list）的人數（需要幼托服務的等待人數），大量設置各種托育中心，工作人員成長速度趕不上機構成長率。在性別方面，雖然丹麥的男性幼教工作人員比例較其他國家高，但大多數幼教工作人員仍為女性。

五、經費

　　關於經費，丹麥採取融合稅金支付、部分自付額與對弱勢兒童的補助之方式。1987 年的資料顯示，丹麥幼兒教育與保育（日托機構及褓姆）經費使用者自行負擔比例為 18.3%，但多於一個小孩使用之家庭可以得到大幅度的減免，以便讓所有小孩都能享受。到 1990 年代中期，丹麥的使用者自付額提高為 30%。丹麥對於自付額採取的是務實的浮動比例原則，因應國庫的盈缺而隨時做調整。自付額，包括給予褓姆或所謂「民營」托育機構的自付額，都是由父母付給地方政府。但年收入在 DKK 109,700 以下的父母可不必負擔任何托育費用。如果父母年收入在 DKK 340,200 以上則必須負擔全額托育費用。多於一個小孩的家庭，每一個孩子可獲得年收入 DKK 7,000 的減免。標準每年修正一次。表 4-3 為各種機構家長和政府負擔的經費比例。

表 4-3　丹麥幼兒教育與保育經費分配表

機構	家長負擔：政府負擔（1999）
居家褓姆	25%：75%
托嬰中心	21%：79%
幼稚園	20%：80%
混齡托育中心	20%：80%
課後托育中心	16%：84%
校內課前／課後班	24%：76%

　　資料顯示家長的負擔比例從 16%～ 25% 不等，其中以課後托育中心最低，居家褓姆最高。對 0-2 歲嬰兒的家長而言，使用托嬰中心比請褓姆便宜。以課後托育而言，課後托育中心收費比使用校內課前／課後班低廉。

六、幼兒教育與保育相關政策

　　除了提供的幼兒教育與保育服務外，政府機關也同樣提供了多種支持父母方法。勞工局提供多種配套方案供父母照顧自己子女的選擇，如育嬰假和親職假。還有其他直接補助家長的財政津貼，如：兒童家庭津貼（child family allowance）、兒童津貼及領養兒童津貼（child allowance and adoption allowance）。

（一）育嬰假（Parental leave）

　　關於育嬰假規定的法條，近年來大有改善。就現今條文規定，孩子出生後，父母享有 24 週的休假。前 14 週僅適用於母親，而父親在該期間內有 2 週的休假。至於

15~24 週的育嬰假，則由夫妻兩人協調該由父親或母親來照顧嬰兒。此外，孩子出生後的 25 和 26 週，父親有兩個禮拜的育嬰假。

(二) 親職假 (Childcare leave)

父母有權利選擇短暫離職 (8~13 週)，照顧 0~8 歲的幼兒。如果小孩不滿一歲，則有 8~26 週的親職假。親職假最多不能超過 52 週，親職假期間享有相同於 60% 的失業津貼。如果父母選擇親職假，那麼該名幼童到三歲前，都無法享有任何公營日托服務，然而，在親職假結束的兩週前，幼兒可以報名加入公立日托機構，使幼兒能早點適應。3-8 歲幼兒則可在父母親休親職假其間，參加部分時間的托育機構。

(三) 經濟補助

目的在於改善家庭的生活環境，使兒童能在無虞的環境下成長。下表整理出社會部及財務部所負責的各項補助的適用對象及金額。

1. 社會部的補助

❑ 一般兒童津貼 (Ordinary child allowance)：對象為單親父母或是雙親皆為領養老金者，補助金額每年 DKK 3,692。

❑ 額外兒童津貼 (Additional child allowance)：對象為單親父母，領有一般兒童津貼，並和孩子同住者，每年補助 DKK 3,756。

❑ 特別兒童津貼 (Special child allowance)：對象有

二種，一為喪失雙親或其中一人的孩子；另一種為領養老金者。每年補助 DKK 9,420，若喪失雙親則補助 DKK 18,840。

❏ 多子女育兒津貼（Multiple children allowance）：同時有一個以上的孩子出生（包含領養的孩子）。每個孩子每年可補助 DKK 6,076，直到孩子七歲為止。

❏ 領養津貼（Adoption allowance）：領養外籍小孩所能領取的補助總額為 DKK 35,033。

2. 兒童家庭津貼（Child family allowance）：由財稅部負責，對象為 18 歲以下兒童，依年齡有不同的金額補助。0~2 歲嬰兒補助 DKK 11,700，3~6 歲幼兒補助 DKK 10,600，7~17 歲兒童補助 DKK 8,400。

3. 對於特殊兒童的補助：

❏ 重大疾病經濟補助（Allowance for parents with seriously ill children）：如果父母放棄工作，照顧家中不滿 14 歲患有重大疾病的兒童，則可得到經濟補助。重大疾病指住院治療或是 25 天以上的病期，但此項標準不適用於單親家庭。

❏ 身心障礙經濟補助（Additional expenses incurred in relation to the care of disabled children in their own home）：照顧不滿 18 歲身心障礙兒童的父母，可獲得多於一般正常兒童的經濟補助。

丹麥和瑞典的保育「福利」一樣，有著另一個面向，

那是其餘地區研究者容易忽視，而那便是其為國家積極勞動政策之一環。其做法為：規定只有在父母雙方（或單親）參與勞動的狀況下，其小孩才有享受托育福利服務的權利。

其保育制度不是單純的福利政策，而是福利政策與勞動政策的結合體，具有相當完善的配套措施，包括為期相當長的有薪育嬰假、條件相當寬鬆的親職假（用以照顧病童）、完善的再就業訓練及輔導（失業者只要進入此訓輔計畫即能讓子女繼續享受公共保育服務）等等。也就是說，這使得丹麥的保育福利服務同時具有「紅蘿蔔」（隱喻鼓勵）和「棍子」（隱喻規範）的雙面特質。從這項特質我們可以看到北歐模式福利國家的務實本質，他們將「享受福利」和「工作／納稅」兩件事緊緊地綁在一起，讓兩者互相支撐，相輔相成。就保育而言，這意味著傳統家庭與保守意識形態下的「養家活口的男人與家庭主婦的相互責任（他負責賺錢養家，她負責家務育兒）」，已為「成年公民與國家的相互責任（成年公民參與勞動，國家於工作時間為他們育兒）」所取代。當我們思考效法北歐制度時，必須特別注意這項設計，因為這是立意甚高的北歐模式的存活訣竅。

七、品質監督

在公立學校系統中，品質監督呈現出去中央化特色，並非單靠著學校以外的評鑑機制，而是立基在大規模的自我評鑑、自發性的改善方案及地方的社會控制，家長同時對於學校品質具有影響力。

肆、課程與教學

　　丹麥的課程方向深受其文化價值觀及幼教家福祿貝爾的教育觀影響，並兼顧教育、保育及社會福利三大功用，表 4-4 就兩大系統列出其課程簡介。

表 4-4　丹麥幼兒教育與保育課程比較表

歸屬系統	日托機構	中小學教育	
		學前教育	中小學
課程及教學	1. 重視身體及情緒上的照顧，以培養其自信。 2. 托育中心重視社交技巧及幼兒發展，提供課程包括遊戲及學習，促進語言、想像力及創造力的發展。 3. 瞭解丹麥文化及其他存在於丹麥的文化，體驗大自然環境。 4. 褓姆為防止幼兒與其他幼兒、成人疏離，褓姆可在地方政府所建的活動中心與其他褓姆共同提供各種教學活動	1. 協助幼兒熟悉生活常規、學校教育生活。 2. 教學內容可由各地方政府提出綱要。 3. 依照幼兒發展階段，以遊戲及其他促進發展的活動為主。 4. 幼小融合班：1985 年起允許在學前教育學校教學，配合幼兒的發展階段提供各種課程。遊戲及學習並重。銜接幼稚園及小學。這是一項選擇性的方案，由地方政府決定。 5. 重視語言教學	1. 學年從每年八月一日開始，一學年上課 200 天。 2. 課程綱要（curriculum guidelines）由公立中小學法主管。 3. 學習基本知識和技能
特殊服務	1. 針對生理及心理障礙的幼兒提供特殊服務 2. 可在一般托育機構或特殊托育機構 3. 特殊托育機構提供診斷、復健		

（續）

歸屬系統	日托機構	中小學教育	
		學前教育	中小學
	4. 特殊托育機構也分為托嬰中心、幼稚園、混齡托兒所、課後托育中心		
雙語幼兒	1. 提供機會學習丹麥語，建立社會關係，熟悉丹麥文化並加強語言技能 2. 非丹麥裔工作人員 3. 優先提供托育服務		

課程特色：

❏ 文化價值觀強調個人的獨立性與自尊，因此培養獨立是課程的重要目標之一。

❏ 肯定「遊戲」（play）及「人際互動」在幼兒教育上的應用，因此遊戲及觀察為幼兒學習的主要方法之一。此外，「語文能力」、「社交技巧」…等與人際互動相關的能力與技巧，都成為幼教課程的重要內容。

❏ 為了增進幼兒在生活中的連貫性，其課程強調幼兒教育、小學及課後安親班（after-school facilities）應視為一體，所以學習應從學前班即開始。

❏ 進行幼小學銜接課程。學前班專為5~6歲的兒童所設立，透過遊戲與活動，而非傳統的教學模式，協助學齡前的兒童熟悉生活常規、學校生活作息，銜接幼稚園和小學。就讀學前班的幼兒一天最多待在學校4~5

小時，和小學一、二年級相同。此外，爲了加強兒童的適應能力，地方政府可以選擇以融合學前班、小學一、二年級課程的幼小融合班，或是在學期中由各校舉行聯合學前班、小一、二的共同活動。

☐ 尊重人的獨特性，因此，活動多依照個別幼兒的發展及成熟度來設計。

☐ 視幼兒時期爲發展及學習的重要階段，因此活動需以促進幼兒各方面發展爲目標，教學活動不得以反覆訓練的傳統形式呈現。

伍、議題

一、日托服務的未來趨勢：彈性化、私人化

近年來，日托服務趨於更具彈性、更多元化的發展，兼顧家長與兒童的需求，並且考量到政府的財政負擔。除了在公立機構中尋求更具有彈性的使用，未來不排除考量由私人、獨立機構成爲日托服務之主體。在私人化的同時，家長所應負擔的費用比例值得研究。

二、公私立機構的互動

允許私立機構成爲提供服務的主體將引發敏感話題，也就是「經營幼兒教育而獲利」。若要加強幼教相關的公私立機構間的合作，先決條件是地方政府要明文訂定地方政府所提供的經費是用來支持哪些服務，需具備何種品質。

三、額外服務（Supplementary Supply）

由於法律明定父母的負擔額不得超過日托服務所需費用之 30~33%，並且，地方政府在日托機構內不得有任何具營利活動，不得從幼兒處獲利，以避免產生為圖牟利的惡性競爭。

而私人、獨立機構則不受此限制，私人機構能提供正規日托服務外的額外服務，額外服務包括了洗衣服、食物照理和車子接送…等，費用由父母自行負擔，為其另闢之財源。額外服務是近年來的新議題，仍有待更多的討論及價值澄清。

四、日托服務許可規定（Admission rules）

社會服務法明訂日托服務開放給全市鎮的兒童。強調所有家庭及幼兒使用日托服務的機會均等，但是，尚有嚴格規定只有在父母雙方（或單親）參與勞動的狀況下，其小孩才有享受托育福利服務的權利，這忽略有迫切需求之家庭的優先接受權。

五、加強公立小學（Folkeskole）之功能

1990 年代，大眾對於公立學校教育感到十分不滿，原因是在國際性研究中顯示出學生表現並不理想，社會批評公立學校未能教導學生適當的知識技能，公立小學是否因此改變其教學型態？附設於公立小學的學前班及課前／課後班是否會受到影響？又該如何改善學生表現不佳情形？丹麥將來的因應之道值得觀察。

六、教育及保育整合的議題

如前所述,丹麥的幼兒教育與保育具有跨部會之特質,日托服務由社會部負責,而學校教育則由教育部負責,爲加強日托服務與學校教育之間的銜接合作,有人主張將學校教育和日托服務合併辦理,也有人主張日托服務亦由教育部管理,或另設一部門,專門管理日托服務和學校教育。然而,這種合併方式只不過是行政上的合併,並不會眞正使得幼兒生活經驗達到整合。若由某一特定部門合併管理托、教議題,勢必以大部分的兒童爲主軸,而犧牲忽略了弱勢族群兒童(雙語兒童及身心障礙兒童)的特殊需求。

陸、結論

丹麥的保育政策,堪稱「北歐模式」的典型代表,其特點爲政府提供、受教機會平等普及充分配合父母的工作需要。丹麥的幼兒教育是一種義務,確保所有幼兒接受義務教育爲父母的責任,教育形式則不拘(可進入公私立小學或在家自修),顯示其教育的彈性。

歐美澳各國幼兒教育與保育之行政與政策

Chapter *5* 英國

壹、生態與環境背景

一、人口背景

　　總人口數約 5,900 萬人， 4 歲以下幼兒約佔 6.3%。移民佔總人口的 6%。在移民人口中，印度裔佔 15%、加勒比海裔 9.1%、巴基斯坦裔 8.7%、非洲裔 3.8%、孟加拉裔 2.9%、香港裔 2.8%、愛爾蘭 15%、其他（地中海國家）。

二、社會背景

　　英國的教育制度分成英格蘭、蘇格蘭、威爾斯、北愛爾蘭四個地區，其教育行政制度、學校組織法與教育發展各異。因此英國較缺乏全國一致的教育措施，而尊重各地方的自主發展。其中，英格蘭與威爾斯地理位置緊密連接、且合併最早、同化程度較高。蘇格蘭與北愛爾蘭因地理位置上距離英格蘭位置較遠，兩地區的人文發展差異較大，故其教育行政也具較大的差異性。英國中央與地方的教育行政體制，

通常是以英格蘭與威爾斯地區為主。

英國的家庭型態正經歷轉變。單親家庭比例從 1972 的 7% 升高至 1996 年的 20%，英國為歐洲國家中單親母親比例最高。離婚率從 1986 年的 12.9% 升至 1996 的 13.8%。雖然離婚率高，再婚率也在高昇中。青少女懷孕問題嚴重，一年約 90,000 人，而其中 14 歲以下高達約 2,200 人。

英國社會文化雖保守，但青少年懷孕、單親家庭等問題的嚴重性，對於幼兒成長的條件可能造成直接或間接的影響。調查顯示，單親家庭的就業率僅 40%，青少女在經濟上不但難以獨立，也缺乏育兒方面知識及人格上的成熟。英國政府計畫將單親家庭就業率從 40% 提昇至 80%，此政策有助改善這個族群中之幼兒經濟不利的環境。至於青少女懷孕問題則有「健康行動區」政策（Health Action Zones）一方面透過教育來預防青少女懷孕，另一方面則提供保育服務以使青少年父母能繼續就學。

三、經濟背景

英國是經濟發展已達到高度工業化的社會福利國家，但是目前遭遇許多經濟問題。進入 20 世紀 80 年代以來，由於經濟不景氣，國民失業率上升，政府一再消減公共教育經費，義務教育水準也有所滑落。英國提出幾項重要政策與教育制度間接、直接有關。例如：1967 年卜勞敦報告書主張擴充學前教育，提高保育學校的水準，革新課程

內容等。

　整體而言，英國經濟是非常強勁，但因貧富差距大，造成近三分之一的幼兒處於貧窮的生活中（家庭年收入少於平均年收入的一半則為「貧窮」）。針對此點，英國政府採用政策以鼓勵就業、對抗社會隔離（s o c i a l exclusion）、減少貧窮，及教育幼兒以準備未來的學習與進入將來工作職場的能力。

　婦女從事兼職工作（part-time）的就業率為38.6%，位居歐盟第二，僅次於荷蘭。育有五歲以下子女且從事工作的婦女高達51%。一般而言，育兒工作多由婦女擔任。隨著婦女進入工作職場人數增多及雙親工作時間的延長，對於幼兒教育及保育的需求就相對增加。在國家發展經濟時需要投入人力，期望以較完善的社會福利（有薪給的產假及較長的育嬰假）來支持婦女就業。當地方經濟需要女性投入工作時，甚至2歲的幼兒就可進入公立學校的低年級（K-3）或正式的學校機構就學。英格蘭、蘇格蘭、威爾斯正式義務教育在5歲、北愛爾蘭4歲，在歐洲最早。

　許多強調經濟發展的國家即基於支持婦女就業的前提下而發展幼兒教育與保育的相關政策。在一項調查中，五分之四的無工作母親表示如果能找到理想的幼教保育機構，他們很樂意加入工作職場。這再次證實了有良好的幼教配套措施會影響婦女加入工作行列之意願。

貳、幼兒教育與保育發展源流

一、公立系統

1816 年，歐文（Owen, R.）開辦了第一所「幼兒學校」，由導師制的教育方法到注重遊戲、玩具的教育功能，並影響到後來幼兒學校的興辦。1833 年，改革法案使窮人也能受教，由政府撥款補助學校建築，國會開始正式過問教育。1870 年，初等教育法案制訂了義務教育為強迫性質，注重小學教育的普及，5 歲幼兒教育納入義務教育。 1873 年，第一所公立幼稚園成立於沙爾佛得（Salford），提供教育、保育及親職教育。

1901 年，在英格蘭及威爾斯，幾乎半數的三歲的孩子都進入公立小學。在 1905 年，皇家稽查員（His Majesty's Inspectorate）指出訓導式的學校教育不適合幼兒，之後就讀人數驟減。

1914-18 年，第一次世界大戰期間，超過 100 家日間托兒中心成立。1918 年費雪法案（Fisher Act）通過之後，授與地方政府權力，幫助日間托兒所成立、協助自願團體贊助的托兒所。這樣的倡議開始使得保育及教育區分開來。

第二次世界大戰導致托兒機構戲劇性的擴張，支持家庭政策（family friendly）鼓勵女人工作以補一些服兵役者的缺；然而戰後女人被期望回到家中，導致大多數托兒機構關閉。這進而使得地方當局開始考慮是否要繼續補助托兒機構，是否要改由健康或教育部門管理等問題。

　　根據1944年波特教育改革法案，英國教育分為兩個階段。第一個階段為單獨設立的保育學校或附設於小學的保育班，以二到五歲的幼兒為對象，此階段不屬義務教育的範圍。第二個階段為幼兒學校，有單獨設立或是附設在小學的，以五至七歲的幼兒為對象，並和七到十一歲的小學合稱初等教育，屬於義務教育的範圍。

　　1967年卜勞敦報告書（Plowden Report）主張擴充學前教育，提高保育學校的水準，革新課程內容等。這時多數3、4歲幼兒接受服務於小學或嬰兒教室。1978年瓦納克報告書將特殊教育工作推展到嬰幼兒階段。1988年的教育改革法案（The Education Reform Act）中使得「資格審核及課程規劃機關」（QCA）制訂5-16歲教育的國定課程，於2000年9月更進一步包含了3-5歲的幼兒，稱為基礎階段（Foundation stage）。1999年「穩定的開始」方案（Sure Start）旨在幫助貧窮幼兒。

　　2000年的早期學習目標（Early learning goals）確認了遊戲（play）的重要性，卻也規範了孩子在就讀國小附設預收班的學年結束時（約5歲）所預期達到的學業能力（academic abilities）。這使得幼兒提早受到學業壓力。

二、獨立系統部分（志願團體和私立機構）

　　在學校義務教育之前，有教會、協會、軍方等團體支持學校教育。1950前較少自願或私立機構供應幼兒教育與保育服務。就業父母的孩子由朋友、親戚照顧。父母可

將孩子送到預備學校（pre-preparatory school），但他們多選擇將孩子至私立小學或雇用褓姆照顧。在60、70年代，特別是80年代，職業婦女增加，日間托兒隨之快速發展，包括提供0-5歲幼兒全天的保育及教育，但通常是以3歲以下幼兒為主。

家長們（特別是母親）組成幼兒遊戲團體（playgroups），並組織全國慈善團體，由政府補助部分資金。其中，最大的組織是學前教育學習聯盟（Pre-school Learning Alliance，簡稱PLA）和學前遊戲團體協會（Pre-school Playgroup Association，簡稱PPA）。1987，三分之二的學前遊戲團體協會設在社區或教堂內。70、80年代學前遊戲團體協會（PPA）大增，到了1990年數量減少，其原因在於出生率下降、和可供家長選擇的機構增加。在一項針對父母使用學前（3-4歲）服務調查中顯示，59%是公立幼教機構、30%私立、9%社區自願團體。大部分的幼兒遊戲團體特徵是「時段性」（sessional），每天固定提供幾小時的保育與教育；或是「臨時性」（occasional），在學期間，一周開放一些時間；另有一些團體也提供假日服務。

三歲以下孩子由居家褓姆在褓姆家中照顧。1968年，規定褓姆資格必須註冊並由地方政府提供訓練。全國居家褓姆協會（The National Childminding Association，簡稱NCMA）於1970年在英格蘭成立，該類協會也存在於蘇格蘭、威爾斯、北愛爾蘭。根據全國居家褓姆協會1987年的調查，有16%居家褓姆沒有註冊，自1991

年起註冊的人數減少,單單在1999年就減少了10%。這是英國在拓展幼教服務及提升幼教品質工作中之一大隱憂。

參、幼兒教育與保育組織、政策與法規

一、幼兒教育與保育現況

英國義務教育起始年齡為5歲,北愛爾蘭則為4歲。0-1歲幼兒都由家庭成員自己照顧或使用非正式保育方式。3-4歲幼兒有90%會進入幼兒教育與保育機構就學。在師生比方面,公立托兒所為1:4,私立為1:8-1:10,遊戲團體的比例為1:8,保育班則為為1:13,小學預收班的師生比例甚至可高達1:30。

二、主管機構

中央層級的主管單位分別為教育就業部、社會安全部、健康部;地方層級主管單位為地方教育當局、社會福利局、衛生局、休閒局。

先前0到3歲幼兒教育與保育由社會安全部主管,3-5歲由教育就業部管轄。最近英國政府整合了保育與教育,並由教育就業部管轄英格蘭的幼教,然而,其他部會仍負責其他幼兒相關議題。

在全國性政策方面,由教育就業部等部門一起決定英國幼兒教育與保育政策。管理監督上,不論國家或地方層級都由不同部門管轄。幼教系統多樣而相互缺乏協調。此

外，幼教服務相關決策主要由地方當局決定，因此造成了幼教形式有地方性差異。

三、幼兒教育與保育機構

（一）0-3 歲幼兒教育與保育服務

大致而言，家長需自行負擔零到三歲幼教服務的費用。其幼兒教育與保育之形式包括：

1. 私立托兒所 （private day nursery）

2. 地方公立托兒所 （local authority day nursery）

3. 居家褓姆 （childminder）

4. 褓姆 （nanny）

5. 朋友、鄰居 （friend/neighbour）

6. 親屬 （relative）

7. 親子團體（parent-toddler group.）

8. 混合型幼教中心（combined nursery/family centres）：地方教育當局、社會服務部門提供教育及保育。

9. 幼教績優中心（Early Excellence Centres）：政府倡議，提供保育、家庭支持、成人教育、…示範性的實施。

各機構招生的對象、開放時間及相關資訊詳見表 5-6。

英國 ┐ Chapter **5**

表 5-1　英國 0-3 歲幼兒教育與保育機構一覽表

名稱	年齡	時間	公私	備註
地方公立托兒所	0-5		公	對象為有學習障礙者
私立托兒所	0-5	全日／半日	私	
親子團體	5歲以下		私	非正式組織
居家褓姆		全日／半日／臨時	私	於居家褓姆的家中照顧幼兒
褓姆		全日／半日／臨時	私	至幼兒家中照顧幼兒
混合型幼教中心	0-5		公	兼具教育與保育功能
幼教績優中心	0-5	全日	公私	被政府指定為優良幼教模範

　　從表 5-1 顯示中，0-3 歲年齡層的幼教服務形式中，私立機構的種類多於公立幼托機構，且多數不只提供的保育服務年齡涵蓋 0-5 歲。

（二）3-5 歲幼兒教育與保育服務

　　於 1998 年 9 月起，所有 4 歲孩子開始接受免費教育，一次 2.5 小時，每周 5 次。其政策目標是預計在蘇格蘭 2002 年、英格蘭 2004 年時達到 3 歲免費教育。

　　於 1999 年，3-4 歲幼兒接受幼教情況比率是：公立機構佔 59%、自願組織佔 9%、私人部門則為 30%。在 1998 年的調查中，98% 的 4 歲幼兒進入幼教機構，3 歲

117

幼兒則達到 93%。在收費方面，公立機構免費，但在 97% 的保育班、68% 特殊學校、67% 國小附設預收班中，父母需支付點心費、郊遊費用。

現以表 5-2 及表 5-3 分別就公立幼教系統、私立系統及志願團體進行介紹。就 3-5 歲幼教與保育服務時間而言，私立系統及自願團體的開放時間較公立系統有彈性。

表 5-2　英國 3-5 歲公立幼兒教育與保育機構一覽表

名稱	對象	服務時間	備註
保育學校（Nursery school）	3、4 歲	一天 2-2.5 小時，有的也提供全天班	由地方教育當局設立
保育班（Nursery class）	3、4 歲	非全日	單獨設置於保育學校和附屬小學和學前幼兒班級。
幼兒班（Early Years Unit）	3-5 歲	全日／半日	為小學幼兒部或幼兒學校的一個班級。
國小附設預收班（Reception class or Class R）	4-5 歲以上	全日（9:00am-3:30pm）	公立小學的第一級（蘇格蘭沒有此類型機構）
特殊學校（Special school）	三歲以上特殊幼兒	全日／寄宿	
機會團體（Opportunity Group）	提供特殊幼兒及家庭額外的支持		

表5-3　英國3-5歲私立幼兒教育與保育機構一覽表

名稱	對象	服務時間	備註
遊戲團體 Pre-schools /playgroups	2-5	不定 / 全日	非營利組織方便上班父母
私立保育中心（Privateday nurseries）	0-5 歲	全日 / 半日	由教育標準局審查
私立保育學校（Privatenursery schools/ pre-preparatory schools）	3-5 歲		
獨立學校（Independent schools）	3 歲以上		必須於教育就業部註冊登記，通常教育標準局每5-7 年審查一次，若有獲得資金補助的學校則是每1-2 年或2-4 年審查一次。
課前 / 課後社團（Before and after school club）	3 歲以上		上學前及下課後
假日社團（Holiday club）	學校放假時		

　　綜觀0-3 歲及3-5 歲的幼教與保育機構可以發現，年紀越小的幼兒多在私立機構就學。而就讀私立機構家長需自行負擔部分費用。在2000 年的一項報告中所提出之幼教平均費用（見表5-4），數據顯示出幼兒年齡越小，每週所需花費的幼教費用越貴。

表 5-4　英國四歲以下幼兒每週平均幼教費用表

幼兒年齡（歲）	每週費用（英鎊）
0-1	125
1-2	120
2-3	110
3-4	108

註：2003 年 2 月，一英鎊約可兌換台幣 55.32 元。

四、師資／工作人員

（一）資格

　　雖然近年來英國政府努力整合教育及保育兩大系統，但其師資培育及人員訓練仍是分屬不同的兩個系統。以下分救各種師資及工作人員分項說明。

1.　合格教師：三年制學位外加一年的進修教育課程（Postgraduate Certificate of Education，簡稱 PGCE），或接受四年高等教育。只有 20% 的幼教工作者具有研究所資格。

2.　保育員、合格教室助理：兩年訓練。

3.　居家褓姆（childminder）、褓姆（nanny）：無接受訓練的規定，但有些地方當局會提供 5-15 小時訓練。

4.　其他在遊戲團體及課後社團的工作人員多不用訓練。

　　表 5-5 列出在各類型幼托機構的工作人員比例，幫助讀者瞭解該國幼教與保育工作人員分佈情形。

表 5-5　英國幼兒教育與保育工作者人數統計表

幼兒照護工作者	受僱人數	%	自願者	%	總計	%
保育工作人員（Nursery Workers）	51,190	15	7,000	16	58,190	15
學前遊戲團體（Pre-school Playgroup Workers）	80,440	24	33,540	77	113,980	30
課後班工作人員（After-school Workers）	13,550	4	2,120	5	15,670	4
假日班／遊戲團體工作人員（Holiday Play School Workers）	3,340	1	680	2	4,020	1
居家褓姆（Childminders）	93,300	27			93,300	24
褓姆（Nannies）	100,000	29			100,000	26
總計	341,820	100	43,340	100	385,160	100

　　從上表可看出超過半數（約57%）的幼教工作者屬於在家庭式環境中工作的居家褓姆及褓姆；有33%的幼教工作者是在遊戲團體及學前教育班工作。而這些工作者多半不需要具有學位或是接受訓練，是在幼教及保育機構普及擴展與品質提升過程中最需要改善的一環。透過表5-6，將各幼教及保育機構中的工作人員、師生比例及工作人員薪資進行整理比較。

表 5-6　英國各幼兒教育與保育機構師生比例與工作人員一覽表

機構種類	師生比例	工作人員	時薪
保育學校 （Nursery school）	1:10	受過訓的保育老師保育員	＆17＆5.50
保育班 （Nursery class）	1:13	受過訓的保育老師保育員	＆17＆5.50
幼兒班 （Early Years Unit）	1:13	老師助理	＆17＆5.50
國小附設預收班 （Reception class）	1:15（此為計劃值，目前尚無明文規定）	合格教師助理	＆17 助理時薪則由學校決定
私立保育學校 （Private Nursery Schools, Pre-preparatory Schools）	1:8	至少一半工作人員需為合格工作人員	教師＆17　其他工作人員＆2.10-＆10.00
獨立學校 （Independent schools）	如比例超過1:5，該機構就必須註冊		
機會團體 （Opportunity Group）	1:4	合格教師保育員	＆17＆5.50
學前遊戲團體 （Pre-school/ Playgroup）	1:8		＆17＆2.69
私立托兒所 （Private Day Nursery）	1:3（0-2歲） 1:4（2-3歲） 1:8（3-5歲）	合格開業者（教師一半必須合格）	＆17 教師＆2.10-＆10.00 其他工作人員
地方公立托兒所 （Local Authority Day Nursery）	1:1-1:6（依年齡而定）	保育員：幼兒照護工作者（至少一半須為合格人員）	＆3.95 - ＆10.28
居家褓姆 （Childminder）	1:3（0-5歲） 1:6（5-7歲）		每個孩子每小時＆1-3
褓姆（Nanny）			＆3
課前／課後社團 （Before And AfterSchool Club;Holiday Play Scheme）	1:8	一半須接受幼兒照護訓練	＆3 - 5

註：2003 年 2 月，一英鎊可兌換新台幣 55.32 元

在表 5-6 所有機構中，私立托兒所，私立保育學校及機會團體三類機構師生比較低，值得注意的是，除了機會團體為公立機構，其餘在師生比例上較低的皆為私立機構。

此外，在幼教工作者的薪資方面，一般而言，教育機構薪資比保育機構高，合格教師薪資最高（時薪£17，約台幣 884 元）。

五、教育品質審查

英國幼教及保育機構種類繁多，多年來該國對於教保品質的監督可分為以下兩大系統：

（一）幼教部分：由教育標準局（Office for Standards in Education，簡稱 OFSTED，隸屬於教育就業部之下）管轄。

（二）保育部分：由社會福利部負責。

另外，先前的政府使用教育券（voucher），計畫透過市場機制來激勵品質及滿足對於幼教的需求。但其實施時的問題在於（1）保育標準（standard of nursery education）存在地方性之差異（2）教育券由地方政府發放及規範，地方政府同時具有提供者及監督者兩種身份，角色會產生利益衝突。

而在 1999 年 8 月後，幼兒教育與保育法規整合為國家標準（national standard），由教育標準局主管。雖然教育標準局定期在報紙或網路上公佈的報告中多指出機構品質的正面部分，但其審查仍造成「點名差辱」（naming and shaming）的感覺。.政府現企圖透過出版品質準則，發展幼教課程架構及相關的品質審查架構以帶領幼教品質的提升。

六、幼兒教育與保育相關政策

（一）法定產假

產假與育嬰假之時間及補助如下：

表 5-7　英國產假及育嬰假一覽表：

	產假	育嬰假
時間	工作一年後能享有 18 週產假	22 週
補助	提供六週的 90% 薪資	沒有薪水

（二）「穩定的開始」方案（Sure Start）

1999 年開始，採預防而非補救的策略來打破代間循環所造成貧窮孩子低成就（under-achievement）及貧窮的情形。其五大目標為：

1. 促進社會、情緒發展

2. 促進健康

3. 增進學習能力

4. 鞏固家庭、社區

5. 增加生產操作能力

（三）「幼兒保育稅」（Childcare Tax Credit）

支助低收入家庭育兒費用，預估有三分之二的英國家

庭受惠。然而，為了要符合支領該補助資格，育有 0-14
歲子女之家長每週至少需工作 16 小時，且子女需進入有
立案或經核可之保育機構。一位孩子最高補助額度每週為
70£（約新台幣 3,872 元），二到三名孩子則每週補助 105
£（約新台幣 5,809 元）。此政策用意在於鼓勵幼教機構
立案列管，並提高幼教工作者的偏低的薪資。

（四）「全國保育策略」（The National Childcare Strategy）

在 1998 年 5 月，英政府實施了全國保育策略以期提
高就業率，改善教育，及支持家庭。此措施透過提供良好
的幼教及保育服務，使得家長能放心的就業，藉以促進經
濟發展。由於英國雙親的工時較長，且有時工作時間不
定，該政策服務包含 0-3 歲幼兒及十四歲以下學生之課外
（out-of-school）保育服務的規劃。上述的幼兒保育稅也
是全國保育策略的部分之一。

（五）「早期發展及保育合作計畫」（Early Years Development and Childcare Partnerships，簡稱 EYDCP）

早期發展及保育合作計畫為在地方層級推行 3 歲及 4
歲幼教普及之主要機構。其成員為自願式，成員組合包含
地方教育、健康及社福機構、雇主、教職員訓練者、家
長、私立及自願團體等。其工作在於評量地方上的幼教及
保育機構，發展將來擴展幼教服務，以及提升幼教品質之
計畫。

（六）「幼教績優中心」（The Early Excellence Centres Pilot Programme）

此類機構被形容為「卓越的指標」（beacons of excellence）。其任務除了發展高品質的五歲以下幼教與保育工作，也包含健康諮詢、成人教育、鼓勵家長參與幼教、幼教工作者專業進修、推動跨機構合作、及減少社會隔離（social exclusion）。很重要的一點是，透過擴大服務及訓練來推廣這樣的幼教服務。

（七）「教育行動區」（Education Action Zones）

針對成就較差的地方學區，提供每年一百萬英鎊的補助，結合商業、家長、學校、地方政府、教會、大學及其他社區機構以組成「行動論壇」（Action Forum），提出三年計畫以期達到：（1）提高學生表現，如：改善語文能力；（2）達成其他教育性及社會性目標兩大目標，如：提高就學率。

（八）「健康行動區」（Health Action Zones）

政府提供補助由地方機構來解決健康方面相關議題，如：鉛中毒、氣喘及青少女懷孕問題。

肆、幼教課程與教學

一、課程標準

英國於1988年由資格審查及課程規劃機關（Qualification and Curriculum Authority，簡稱QCA）所訂定國定課程（National Curriculum），為5-16歲教育的依據。在2000年九月時增訂了基礎階段（Foundation stage），包含了三歲到進入國小附設預收

班（reception class）之前的幼兒（4-5歲）。並提出早期學習目標（Early Learning Goals）以幫助幼教工作者規劃適合幼兒的課程。課程目標包含以下項目：

- ❏ 個人、社會和情緒的良好狀態
- ❏ 對於學習具有正面態度及傾向
- ❏ 社會技能
- ❏ 注意的能力及持續度
- ❏ 語言與溝通
- ❏ 讀和寫
- ❏ 算數
- ❏ 對世界的知識與瞭解
- ❏ 身體發展
- ❏ 創造力的發展

　　根據以上目標，又規劃了六大課程領域：（1）個人、社會和情緒的發展，（2）語言和識字，（3）算數，（4）對世界的知識與瞭解，（5）身體發展及（6）創造力的發展。

二、早期學習目標

（一）「個人、社會和情緒的發展」領域

　　對學習有持續的興趣和動機；有信心嘗試新的活動，能在熟悉的團體中談話並表達自己的觀念；保持注意力，能集中精神並在必要時保持安靜；對自己的需要、觀點和

感情有自覺，並能察覺到別人的需要、觀點和感情；對自己的文化和信念產生尊重，同時能尊重不同文化；對重要經驗有適當反應，並表達各種適當的感情；能與大人和同學形成良好關係，和諧共事；瞭解對與錯，且知道原因；能自己穿脫衣物，並處理個人衛生事宜；能自行選擇要玩的活動，並找出相關的資源來完成；能瞭解到自己的言行對他人的影響；理解到每個人有不同的需要、觀點、文化和信念；理解到他人也應尊重他們的需要、觀點、文化和信念。

（二）「語言和識字」領域

在遊戲和學習過程中，喜歡使用口語和書寫語言來溝通；會去探討和嘗試聲音、文字和書寫；喜歡聽人講，並對故事、歌曲和其他音樂、韻律和詩歌有反應，並能編出自己的故事、歌曲、韻律和詩歌；使用語言來想像和創造出角色和經驗；能用口語來組織、排序，釐清思考、觀念和事件；能持續的注意聽，對所聽到的內容能有相關的評論、質疑或行動加以反應；擴充詞彙，能探討新字的意義和讀法；將所聽到的內容正確排序，能使用從故事中聽來的句型；能清楚的說並適當地與聽者互動，如用傳統的打招呼，說「請」和「謝謝」；能將字頭和字尾都聽和說清楚，包括字裡的子音；能將聲音和字連在一起，指出和唸出字裡的母音；能自己讀出常用字和簡單句；知道英文的讀法是從左到右，由上而下；顯示出對故事的基本元素有所瞭解，如主要人物、事情發生的順序、開場白，及在非小說中如何去回答何地、何人、為什麼等問題；嘗試用書

寫來達成各種意圖，使用不同形式來表達，如列表、故事
和指示；寫自己的名字和其他事物，如標籤和標題，並能
造簡單的句子，有時也用標點符號；應用聽到的語音來拼
出簡單、有規則的字，並也能試圖拼出更複雜的字；能握
鉛筆並寫出可以辨識的字母，大部分的形狀都能正確。

（三）「算數」領域

在熟悉的場合能說出和使用數字；對日常生活中的事
物能從 1 算到 10；認得數字 1 到 9；對於兩種量的比較，
能用「更多」、「較少」、「更大」或「較小」、「更重」
或「較輕」來區分；在實際的活動和對話中，能用到加法
和乘法的字眼；在 1 到 10 之間的數字，能說出比任何數
字比它大 1 或小 1 的數（即鄰近的數字之比較）；開始使
用加法來結合兩組東西，並用減法來「拿走」；能用「圓
圈」或「更大」來描寫固體及平面體的形狀和體積；用日
常用語來描寫位置；能用已有的數學概念和方法來解決實
際問題。

（四）「對世界的知識與瞭解」領域

能用適當的感官來了解周遭的事物；能將所看到的事
物區分成有生命的、無生命的和事件；能提問為什麼事情
會這樣和將會變成怎樣；能選擇適當的材料來組成各種物
件，且能依不同情況來修改；選擇適當的工具來達成所要
組合的目的；瞭解日常科技的用途，並使用資料和溝通的
科技及電腦玩具來幫助學習；能將自己、家人和所認識的
人生活中過去所發生的事和現在所發生的事加以區分；對
自己所居住的環境和自然世界進行觀察，並指出其特徵；

開始認識自己和他人的文化和信念；對自己的環境進行了解，並能說出喜歡哪些特點和不喜歡哪些特點。

（五）「身體發展」領域

有自信、有想像力和安全的行動；能控制自己及統整地行動；對空間、自己和他人有所知覺；認知到維持健康的重要，及如何保持健康；當動作時，知道對身體的改變；能使用各種大大小小的設施；能在平衡和跳躍的設施爬上爬下；能安全地使用各種工具、器物和建築工具，且越來越能加以控制。

（六）「創造力的發展」領域

能從二度和三度空間來探討顏色、外型、形狀和空間；了解及探討聲音如何被改變，從記憶中唱出簡單歌曲，認出熟悉的樂音和旋律，並隨著音樂起舞；對於所看到、聽到、聞到、摸到和感覺到的事物有不同的反應；將想像利用到藝術和設計、音樂、舞蹈、假想的和角色扮演、行動、設計和製造器物、及各種聲響和樂器來表達和溝通他們的觀點、思考和感覺。

三、上課方式

採三學季制，分別為九月到十二月，一月到三月、四月到七月；每週上課五天。班級規模大約 15 到 20 人一班，男女合班。混齡編組，是將不同年齡的幼兒編入同一班級的上課方式；此種方式不僅可以使學習的環境豐富，促進幼兒社會化發展，使師生關係更形密切，且可以避免因實際年齡所產生的種種缺點。

四、發展趨勢

（一） 以幼兒為學習主體的幼兒教育

各種活動的設計與安排，教師都是協助與輔導的角色，幼兒才是各項活動的主角。

（二） 混齡編組的活動方式

具有家庭式社會化功能，提供近似人類社會組織型態與完整同儕互動的混齡教學方式。

（三） 透過遊戲方式輔導幼兒發現學習

遊戲對幼兒來說是一種工作、是一種學習，也是他生活的全部。英國幼兒學校所採學習角的活動正是透過遊戲輔導幼兒走向創意與發現的方式。

（四） 開放制度的推展與落實

尊重幼兒個性與尊嚴，採合科教學，配合幼兒興趣佈置多采多姿的學習角，鼓勵、支持幼兒自主學習的方式，兒童的學習變得生動又活潑。

（五） 注意幼兒學校與小學教育的銜接

將五到七歲的幼兒教育併入初等教育的體系，目的在便利與小學的相互銜接，並減少適應上的困難。

（六） 明訂教師任用資格，並提高其水準

提高師資素質至大學程度。

（七） 重視幼兒的安全、衛生與福利工作

伍、議題

　　英國將教育、保育行政系統分開，兩方缺乏整合，造成國家政府部門之爭及地方政府單位間之爭。目前政府開始採取行動以期創造一個聯繫的系統。同時，最近的法案如：「穩定的開始」方案（Sure Start）及「早期發展及保育合作計畫」（EYDCP）使得教育決策權由中央層級下放到地方層級，地方得以參與決定並管理品質。以下將就六項重要議題對於英國現況進行討論：

一、對於「兒童」與「家庭」的看法

　　英國最近的政策強調孩子參與學前教育並為入小學作準備。幼兒時期被視為往後學習成就之準備階段，而幼兒時期所需之獨特的學習方法及應給予多種機會的特點不被重視，忽略了每個孩子的獨特性、以及多樣化的需求。這種為入小學準備的教育法目前雖然很普遍，但卻不符合英國主流研究論點。

　　由於家長應對幼兒教育負主要責任，父母要與學校簽約以保證督促孩子上學、功課及管教行為，目的在使孩子成為成功的學習者。但此種作法跟「幼教論壇」（the Early Childhood Forum）提出的論點相反，其主張為：孩子應是學校與家庭共同的責任，沒有任何一方應被強制。

　　父親享有育嬰假首次納入制度，但父親與母親對孩子的投入仍不同，英國社會期望母親負責照顧孩子，因此，母親多擔任兼職工作，並配合保育時間來調整工作時間。

此外，該國政策制訂似乎以雙親家庭為理想狀態來設計，相對地，對其他組成形式的家庭而言，就顯得有功能不全之慮。

二、系統之間的合作

英國政府將要整合和擴展教育及保育系統，連結教育、健康、成人訓練、及家庭支持間的關係，然而仍出現以下的問題：

（一）繼續將教育、保育分開

關於政府凝聚幼兒教育與保育的策略，在國家層級，企圖將整合幼兒及家庭政策的責任從健康部轉移到教育就業部之下兩個單位，由這兩個單位合作分擔責任。雖然在政策上強調教育及保育的整合，但在兩個系統的責任區隔及相異的政策策略下顯示出幼教服務仍存在歧異。

此外，英國在規劃國定課程時，其基礎階段（foundation stage）並不包含嬰兒（infants）及學步兒（toddlers）。造成 0-2 歲幼兒未被納入體制內的可能原因有二：其一是因為 0-2 歲孩子多由母親或家庭式幼教服務照顧，較難顧及；其二反映出一般人們認為服務三歲以下幼兒的機構不屬於「教育」。因此在政策擬定過程中，此年齡層幼兒被忽略了，教育及保育仍舊分開，然而此作法卻與原來將保育及教育整合的立場相衝突，不若瑞典、西班牙將 0-6 歲視為第一階段教育系統，英國錯失整合 0-6 歲幼兒教育之機會。

（二）資金分配複雜

資金分配由數個部門共同負責，缺乏跨部門統籌機構。對於教育及保育不同補助制度亦產生混淆。此外，多數資金補助以短期為主，長期的計畫目標較難達成。因此，對於將來長遠計畫的擬定造成影響。

（三）責任區分

因為去中央化（decentralization）的影響，中央及地方在政策的發展及執行角色上需要找到平衡點。權力由中央下放到地方之後，地方當局卻無足夠彈性權限來調整全國性的提案以滿足地方需求。另一個創新的作法「早期發展及保育合作計畫」（Early Years Development and Childcare Partnerships）同樣遇到權限不足的問題，使得其無法順利發展適合地區需求的幼教服務。

三、受教機會及公平性

（一）幼兒教育與保育服務的供應面

孩子從 4 歲開始可獲得免費的幼兒教育與保育，但在英格蘭一天只提供 2.5 個小時；蘇格蘭一天 4 小時，而歐洲其他國家在 6 歲前就有全天的服務。若決定提供半日班的服務，對於家庭及幼兒有重大意義。首先，目前較經濟實際的方式是在小學提供保育，結果 4 歲孩子進入小學預收班師生比例高達 1：30，造成孩子學習環境的品質下降，同時，課程目標也難達成。再者，政策較支持學校形式、非全日的幼教機構，但是政策對職業父母及育有 3、4 歲幼兒的家庭提供較少支持。實際上許多 3、4 歲幼兒

需要能搭配父母工作時間的保育服務。此外，由於 0-3 歲幼教費用多由家長自行負擔，政府透過幼兒保育稅對低收入戶補助（關於幼兒保育稅請參見第 16 頁）。

如要普及 3 、 4 歲幼兒教育，政府需設計對職業婦女的配套措施。全國幼兒照護政策鼓勵對 0-14 歲的父母提供高品質的幼教服務，但沒有真的包含 0-3 歲的幼兒。英國對 0-3 歲幼兒很少提供教育，除非是特殊幼兒。「穩定的開始」方案（Sure Start）試圖整合教育及保育系統，如同聯盟的服務，特別是對 4 歲以下幼兒的貧困家庭。

（二）進入保育機構的機會

討論進入保育機構的機會可從三方面來看：

1. 負擔得起的學費

家長需自付教育費用，所以當父母無法負擔學費時，雙親之一（特別是母親）可能會延遲進入職場而在家照顧小孩。雖然有幼兒保育稅來補助家長，但實施未久，尚無法預知其成效。

2. 幼兒教育與保育服務提供的短缺

0-3 歲保育費高，目前在 0-3 歲幼教方面較欠缺有品質且家長負擔得起的私立幼教機構。隨著經濟發展婦女就業率升高，保育服務的成長率卻不成比率，且品質較差。

3. 跨地區的差異

家庭式保育為貧困及鄉村地區主要幼教形式，然而，隨著居家褓姆的短缺，再加上私立及志願性幼教機構在該

類地區難以經營，相對影響了低收入戶及鄉村居民進入幼教機構的機會。

（三）特殊需求幼兒的受教權

根據OECD調查，英國經濟水準很好，但貧窮水準比過去15年增加3倍，現在有20%孩子身處貧窮家庭中，為已發展國家最高比例之一。另外有些行為偏差、發展遲緩、移民、或須特教的孩子，逃家、翹課、吸毒、犯罪也是相關問題。政府開始採取行動，如：「穩定的開始」方案、教育行動區及健康行動區等多方面介入。其中以「穩定的開始」方案與幼兒教育最相關，可視為一個創新的社區發展行動，連結早期介入（early intervention）的各系統，以支持家庭、孩子、和少數民族、特殊需求的孩子、難民…等。從公平正義的角度來看，幼兒教育不僅要確保其能夠進入幼教機構，更要能夠滿足其民族上或語言上的多元性。為達成此需求，在教師或幼教工作者的訓練方面需要有配套措施。

四、早期學習

在課程模式的爭論方面分為兩派。歐文一派開辦了一所「幼兒學校」，理念上強調以幼兒為中心的教育，方法上注重遊戲、玩具的教育功能；另一派則強調學科技能（academic ability）的教育目標。

然而，目前英國幼兒教育強調讀、寫、算等基本能力，以培育能進入未來職場的能力。所以英國幼兒較其他歐洲國家幼兒更早接受正式教育以及正式課程。此外，早

期學習目標（Early Learning Goals）所定下來的目標似乎不盡符合幼兒發展成熟度，對於那些不會說英語的移民幼兒也是種欠缺周慮的目標。

幼教工作者及幼教老師為了確保幼兒在小學附設預收班學年未（五歲）達到早期教育目標，被迫要教導特定內容，與幼兒學習原則相反。

五、師資／工作人員

幼教品質會與幼教工作人員訓練、僱用、證照、和酬勞有關。在英國普遍來說幼教工作（0 -6 歲），低薪資、少福利、工作時間長、工作環境差、訓練限制及少機會晉升，這些原因導致每年高達 30% 的人事流動，有些幼教與保育機構中鬥志、士氣較低。

工作人員在受過訓的比例很低。 1999 年估計 20% 是18 歲後大學畢業，但大多數是居家褓姆（地方當局訓練）、褓姆，沒有接受正式訓練，小學預收班的助理也大多沒有經過訓練。由上可知，目前英國的幼教人員培訓計畫以及幼教工作現狀對於英國政府推廣幼教是一大挑戰。

六、品質監管及評量

英國政府十分重視幼兒教育的品質監督管理，然而，統一的評鑑標準限制了人們，無法有彈性去設計適合其地方特性或特殊需求之課程。此外，在評量不同的幼教服務型態（如：家庭式的居家褓姆或每週上課三天的教會托兒所）造成困難。

陸、結論

　　由於歷史背景及社會經濟需求，英國幼兒教育起步得早，但卻未能對於 0-6 歲幼兒提供整合性的幼兒教育，且缺乏協調良好的幼教系統。免費的四歲以上幼兒教育每週五天，但每次僅二個半小時，對家長的實質幫助可能有限，有需要重新檢討。多樣化的幼兒教育／保育型態雖然可以讓家長有選擇權，但自付學費對於家長所造成的經濟負擔，以及政府監督幼教品質的不易都是值得注意的地方。英國在擴展及改善幼兒教育時，師資培育及改善幼教工作環境為首要任務。此外，明訂的早期學習目標對於幼兒的學習以及提早面臨學習讀寫算的壓力所可能造成的影響，值得觀察。

Chapter *6* 比利時

壹、生態與環境背景

一、人口背景

比利時總人口約有 580 萬人，人口密度為每平方公里 333 人，是全歐洲人口密度最高的地區之一。本章將專就比利時的法蘭德斯地區做介紹（Flanders，包括比利時、荷蘭南部和法國北部的一古國）。

法蘭德斯地區僅包括半個比利時的土地及人口，可分為兩部分：一為說荷蘭語（Dutch）地區，一為說佛蘭芒語（Flemish）地區。南比利時則有以法語為主的雙語族群，人數在一百萬人以下；東比利時則約有 70,500 人的德語族群，屬於少數。

出生率為千分之 10.9，1998 年有 63,042 人出生，但是有逐年下降的趨勢。1998 年，比利時的三歲以下幼兒有 194,099 位，六歲以下幼兒則有 400,422 位。約有 65％學齡

前兒童的母親需要工作，照顧幼兒的工作則多由親戚幫忙。

二、社會背景

比利時由六個黨組成的聯合政府，因此在制訂政策時政黨間的平衡是很重要的。行政上劃分爲308個地方城鎮，分屬於五個省，所有地方政府在制訂地方政策時具有自主權。由於不同的社會及政治背景，在地方治理方面各有不同模式。

如同歐洲其他國家，比利時的女性結婚及生育年齡較晚（平均生育年齡爲29歲，僅有3％的婦女結婚年齡爲20歲），約有8％以下幼兒的父母爲同居，5％的幼兒的家庭是單親家庭，加上離婚率不高，顯示比利時社會重視家庭觀念。

由於照顧幼兒的工作多半由祖父母分擔（有38％三歲以下的幼兒是給祖父母撫養；40％的小孩課後由祖父母照顧；68％的小學兒童由祖父母帶），因此家庭與祖父母的接觸密切，且住得近，這代表人口遷移不頻繁。兩性的社會地位、工作權相當平等，但是基於傳統的習慣，仍有四分之三的家事是由女性負擔。

三、經濟背景

法蘭德斯地區經濟繁榮，85％的經濟活動是外銷事業，近50％的人在私立中小企業公司工作。農業收入僅佔地區總產值的3％。這樣的經濟榮景是因爲法蘭德斯地

區的海陸空交通發達，是歐洲國家的貿易樞紐。約有8％
的幼兒是來自於貧困家庭（貧困的定義是家庭現有收入無
法維持生活）。另一個檢視「剝奪」（deprivation）的標
準包括：家庭的月收入、家長的教育程度、幼兒的生理發
展、家長的就業情形、及住家與健康。若家庭達不到三個
以上標準，則被歸為「被剝奪」類（underprivileged）。
與英國的1/3及整體比利時的15％相比，法蘭德斯地區
的4.3％幼兒出生在「被剝奪」家庭的比例，算是很低
的。

貳、幼兒教育與保育發展源流

1828年，法蘭德斯地區成立第一所托兒所（infant
school）。1845年，第一所為勞工提供的托育中心設
立。1880年，擬定規範幼稚園的行政法令。1890年受
到福祿貝爾影響而出現第一個幼教課程。之後，比利時的
高人口加上宗教機構的熱誠，造成教育性質的免費學前機
構擴展十分迅速。

1965年起，滿30個月大的幼兒（約2.5歲）可以進
入免費學前機構就讀。1984年，Kind en Gezin成立，
附屬在福利、公共健康與平等機會部（Minister of
Welfare, Public Health and Equal Opportunity），負責
所有幼兒的預防性健康政策、0-36個月大嬰幼兒的保育
政策及2.5-12歲兒童之課後托育。

參、幼兒教育與保育組織、政策及法規

一、幼兒教育與保育現況

法蘭德斯地區義務教育起始年齡為 6 歲，政府提供全日且免費的學前教育，造成幼兒入學得早（2.5 歲），入學率高達了 85％，3-4 歲以上進入幼兒教育與保育機構就學的比例更是達到 100%。由於政府對於家庭的補助，0-1 歲的嬰兒鮮少使用幼兒教育與保育服務，大多都由家庭成員照顧。

在法蘭德斯地區，所有教育系統及大部分的保育系統都受到政府補助，目標在於服務所有需要幼兒教育與保育的家庭，接受免費教育是受到憲法保障的權利。日托中心裡的師生比為 1:7。招收 3-6 歲幼兒的幼稚園最高比例可達 1:19。

二、主管機構

教育系統是由教育部負責制訂所有機構的教育目標，保育系統及課後托育的管轄單位則是 Kind en Gezin（定義請見幼教發展源流部分）。

三、幼兒教育與保育機構

（一）教育系統

所有教育機構可歸納為三大類幼教傘狀組織（umbrella organizations）：

1. 社區教育自治委員會（Autonomous Council for Community Education）：提供非宗教性的教育，涵

蓋了 13％的學生。

2. 公立補助教育（Official Subsidised Eudcation）：由地方政府負責的學校所組成的網路，包含了 18％的學生。

3. 受補助的私立或自願性的教育：主要爲基督教學校，也有少部分非宗教性學校，服務了 68％的學生。

（二）保育系統

保育系統則有以下四類：

1. 接受補助的日托中心（Subsidised daycare centres）：通常由地方政府或非營利機構設立，需要至 Kind en Gezin 註冊，可提供 13,079 個保育名額。

2. 接受補助的有執照家庭褓姆（Subsidised and regis-tered family daycarers）：附屬於地區基地，可服務 28,628 位幼兒，同樣需要至 Kind en Gezin 註冊。

3. 無補助的私立日托中心（Non-subsidised private daycare centres）：受 Kind en Gezin 監督，可服務 9551 位幼兒。

4. 無補助的私人家庭褓姆（Non-subsidised private family daycarers）：受 Kind en Gezin 監督，可服務 7,985 位幼兒。各個日托中心都有各自的等待入園名單（waiting lists），家長爲了提高其幼兒的入園機率，會到不同園所去登記，造成入園名額的重複計算。漸漸地，由地方政府協調各保育機構，全職工作

的家長可優先進入公立日托中心。

家庭褓姆一週平均可照顧 8 位幼兒，但同一時段內所照顧的幼兒不得超過四位（包括褓姆自己六歲以下的孩子）。家庭褓姆的薪資則是統一的，照顧一位幼兒的一天費用爲 14 歐元（約合新台幣 484 元）。家庭褓姆網路則會有一位社工顧問負責定期支持 28 位以上的家庭褓姆，社工顧問負責的工作包括安排薪資及契約，幫忙安置幼兒及設立玩具館（toy library）。家中有生病幼兒可獲得短期的家庭式保育服務，費用依家長收入而定，不足部分由 Kind en Gezin 補助。

（三）其他

12 歲以下幼兒的課後托育也是由 Kind en Gezin 監督，法蘭德斯地區採取由現有的系統的三種機構來提供課後托育：一般的日托中心、小學或特定方案。所有相關人員（家長、地方政府、機構經營者等）依地方需求來規劃課後托育方案。在特殊教育方面，幼兒在進入小學前，特殊幼兒的數量並不高，進入小學後，比例相對地增高至 5.8％。特殊教育的目的在於融合特殊幼兒與正常教育，並協助他們進入社會。

四、師資／工作人員

教師／工作人員的培訓會依其擔任的工作而有差異，教育及保育系統中的工作人員資格要求、可擔任的工作及工作性質請參見表 6-1。

表 6-1　比利時幼兒教育與保育工作人員資格及工作一覽表

工作人員	最低入學要求	學位/執照	工作類型	合格資格	工作性質
教師心理學家	中學至18歲	大學5年	可擔任各種職務，包括園長。	認可合格	行政
護士、社會護士、社工人員	中學	專科學校，也就是中學後再唸三年	可擔任各種職務，包括日托中心、家庭托育之工作人員支持者。	認可合格	行政
幼教老師	中學	高等教育、專業學院，也就是中學後再唸三年	擔任免費學前機構之老師，也可在日托中心或課後托育中心任職	認可合格	直接與幼兒接觸
青少年及特殊需求工作人員	三年中學	中等技職學校		尚無認可	直接與幼兒接觸
保育人員	中等職業學校加上一年的主修	7年技職學校執照	在日托中心		直接與幼兒接觸
家庭褓姆	經面試即可	4-60小時的在職訓練			直接與幼兒接觸
課後托育	無	200-250的特殊課程訓練	課後托育中心	由Kind en Gezin認可	直接與幼兒接觸

　　從表6-1我們可發現，小學及幼教老師需接受是大學層級的師資培育，幼教老師更須針對有特殊需求的幼兒進行實習。法蘭德斯地區的在職訓練非常完善，

　　前述提及的三種幼教傘狀機構依法則須提供其會員園所在職進修活動。保育系統的人員訓練被認為是有待改善的。保育人員的專業背景多為醫療或社工，而非幼兒保育，課程內容相對地更少有教育性質。

五、經費

　　在教育預算方面，有28％花在小學教育，而幼教預算包含在小學預算之內。85％的教育費用則是用來支付工作人員的薪水。各地的教育經費分配方法則各異。幼兒保育是針對工作的家長，對於收入低甚至無工作的移民而言，進入保育機構是不可能的。Kind en Gezin體認到這個議題的公平性，而提供支持性的方案來解決貧困家庭及移民族群的需求。

　　家長負擔的保育費用由年收入來決定，年收入190,000BEF的家庭需支付一天 64BEF（約合新台幣55元）的費用，年收入1,677,620BEF的家庭，最高支付一天623BEF（約合新台幣535元）。若就讀半日班，則費用減半。雖然家長支付的費用不同，但因有補助機制，所以托育機構收到的經費仍是相同的。

六、相關創新方案

（一）經驗教育（experiential education）

　　經驗教育聚焦在現有系統上的改善，該方案透過強化

老師對幼兒的觀察，以改善老師的表現，觀察重點在於幼兒的福祉及參與。透過使用「保育廣度」（care width）的評量表（rating scale）來自我檢視老師注意幼兒的程度（the amount of attention on children），著重在幼兒的心理活動（mental activities），並進而依據所觀察到的幼兒需求來提供活動。

（二）延伸保育（extending care）

「延伸保育」針對邊緣化幼兒族群，以增加教學時數來預防該族群幼兒將來在學習上可能面臨的失敗。

（三）MEQ 方案（Milestones towards Quality through Equality）

為了反映出一般幼教托育機構在設計上往往忽略了少數特殊族群，MEQ 的對象特別針對少數族群的女性和幼兒。這個方案提供專業的工作訓練給這些移民婦女，並在 25 所日托中心進行多元文化教育。工作人員及實施機構都受到專業的教育訓練、監督及管理。該方案的成果是，有 25 位移民婦女擁有合格幼教工作人員資格，更有 17 位順利在日托中心找到工作。一方面改善少數族群婦女的經濟不利情形，另一方面可提供幼兒更貼近其原有文化之教育。

七、品質監督

教育系統的品質監督是由教育部的督學進行評鑑。基本上，每所學校每六年需要接受評鑑一次，為期一週。評鑑時學校需要準備大量建檔的文件資料，老師們則反映需

要花太多準備書面資料的時間，而剝奪了老師與幼兒互動的寶貴時間。然而，學校若不能達到評鑑標準，又無法接受補助。

日托中心的品質監督是每位園長的責任，同時 Kind en Gezin 也發展出數種地區性監督機制，由隸屬於 Kind en Gezin 的 25 位督學至少每年訪視一次接受補助的機構。使用經過設計的評量表由園所進行自我評量，也是品質監督的方法之一。在課程與教學方面，法蘭德斯地區沒有國定課程，但在 1995 年時，法蘭德斯地區政府頒佈 2 月 22 日法案，為幼稚園課程擬定課程準則，所有學校都需遵守該準則來設計課程及選擇教學方法。但實際上，課程發展的工作是由學校所屬的三大幼教傘狀組織負責。所有課程在實施前，需經過教育部審核同意。無論幼兒的母語為何，主要授課語言都是佛蘭芒語。

一般而言，幼兒依年齡分班，學校活動依時間表進行，其中包含遊戲時間。對於最小的孩子會有 3-4 個入學日，在第一年，班級可能會重組，班級人數也能會超過 30 人，但老師仍是同一位。

1997 年，法蘭德斯地區政府更通過一套學前教育所需要的最低目標，不論學校組織屬於何種性質，都需達到那些最低目標。目標包括：

❑ 個人特質：擁有正面的自我形象（self-image）、主動、創新。

❑ 一般發展：能夠與他人溝通、合作；自主、能解決問

題；獨立學習。

❑ 特殊技能：體育、藝術表現、語言、環境研究與數
學。此外，跨領域課程、社會能力的培養與終生學習
也是被強調的。

伍、議題

一、家長的角色

父母對幼兒有相當大的影響，學校若能結合家長則會
提高效能。所以，在教育系統中，會由教育部發行家長手
冊，以提供家長教養子女之參考；學校會定期提供當地文
章給家長；有些雜誌、網站則成為學校社群中家長溝通的
管道。目前透過學校機構中有彈性的系統，使得家長參與
學校活動的情形正逐漸增加。而這些家長在將來經過訓練
後，也可能是解決幼兒教育與保育工作人員短缺的方法之
一。

二、多元文化社會中的問題

如同其他國家，新移民及少數民族的問題也是法蘭德
斯地區重要的社會議題。通常他們採取的方案是一方面反
種族歧視，另一方面提供額外支持。MEQ 方案（參見
「相關創新方案」部分）也是為了解決這個問題所產生
的。因為移民所帶來的問題有失業和貧窮等社會問題，對
於這些無辜的小孩是有必要給予良好的安置。多元文化社
會的另一個議題是官方語言的學習與對新移民原有文化的
尊重問題。對於年紀較大的兒童，學習官方語言是融入該

社會所必須的，但對於年紀尚小的幼兒而言，在幼兒教育與保育機構中仍能使用母語，對幼兒的福祉及語言發展都有助益，因此，學校在教室裡可提供多元文化、多種族的教材，雇用雙語教學助理，如此可以同時顧及新語言的學習及對移民原有文化的尊重。

在特殊幼兒的安置方面，共有八種不同的特教機構可供選擇，家長通常為孩子選擇最適合的特教機構，但交通接送時間變成了問題，有的特殊孩子一天要花 4 個小時往返學校。可能的解決方法是在公立學校進行融合教育，一方面特殊幼兒能從與同學互動中受益，另一方面可以讓正常孩子學習包容多元差異。

此外，保育系統是專為服務有工作的家長，對於因文化經濟剝奪而沒有工作的家長而言，並沒有優先進入保育機構的權利。 Kind en Geizin 察覺到這樣不公平的情形，而提供能支持各種背景的家庭之保育機構。

三、幼兒教育與保育機構間的協調

法蘭德斯地區的幼兒教育系統及保育系統是分流的，傳統上，保育制度的產生是因為要為工作的母親照顧小孩才設置的，強調「保育」的功能，在保育制度上也反映出這樣的傾向，例如：保育人員花時間打掃教室以維護健康，而相對有較少時間與孩子互動。另一方面，教育系統則是強調終身學習的目標，而缺乏對幼兒發展方面的關注。教育系統中的三大幼教傘狀組織間的競爭使得幼教機構更多樣化。當家長因工作關係而需要選用不同幼兒教育

與保育機構（包括課後托育中心）時，多元性的幼兒教育與保育機構可提供家長選擇權。但在機構間的協調及幼兒的適應上就會遇到難題。

在師資培訓上，教育和保育人員的進修管道不同，且分流得早（中學後即需選擇），造成兩種系統的專業人員不能互相流通，或在轉換跑道時遇到困難。保育人員的資格較低，也造成兩系統間人員品質上的差異。除此之外，幼兒教育與保育人社會地位低落也造成了人員的流失。

四、入學年齡的降低

法蘭德斯的幼兒教育與其他國家相比，是比較正式的。幼兒在 2.5 歲就已經開始學校教育，雖然他們不一定開始學習讀寫算能力，但是機構已呈現出學校的樣貌：老師上課時數以一堂 45 分鐘計算，幼兒以年齡分班。課程方面是由學校委員會或三大幼教傘狀組織所研發，並經教育部同意，老師在教學上有自主權可彈性調整課程。

如此「學校式」的幼兒教育使得幼兒從先前較溫馨的托育形式要過渡到學校教育形式時可能產生困難。以佛蘭芒語為主要授課語言，對於非佛蘭芒語系的幼兒而言，更加劇其適應不良的問題。法蘭德斯人開始認為如此結構性的幼兒教育並不適合幼兒（尤其是 2.5 歲的孩子）。「經驗教育」方案就是一個嘗試更以幼兒中心的方案。同時，是否要將入學年齡提高至 3 歲則仍有爭議，需要形成地方共識。

五、女性角色的轉變

　　兩性平權政策及勞工市場的需求造成育有子女的婦女就業率增加，漸漸地，家庭無法完全依靠祖父母在育兒方面的協助，對於幼兒教育與保育的需求量也相對提高，幼兒接受教育的年齡也降至 2.5 歲。然而，兩性平權得來不易，女性不願意為了照顧幼兒而失去其工作權的心態可想而知，如何在工作與家庭責任間取得平衡，北歐國家模式（有較長且全額補助的育嬰假，並保障其育嬰假之後的返回原工作之權利）或可為引為借鏡。

陸、結論

　　受到憲法保障，照顧幼兒是政府的責任。與其他國家相比，比利時的法蘭德斯地區對於提供免費幼兒教育與保育的使命是很少見的。透過普遍的幼兒教育與保育，政府十分投入支持家庭的工作。教育與保育雖分流，但卻都經過仔細計畫及監督，以提供有品質的幼兒教育與保育。教保系統之間的協調所造成幼兒在換機構的過渡時期可能面臨的適應問題仍是一大議題。

Chapter 7 荷蘭

壹、生態與環境背景

一、人口背景

　　荷蘭面積不大，但人口密度高，每平方公里約 459 人以上。1997 年時，總人口為 1560 萬人，預估在 2010 年時，二次大戰後嬰兒潮出生的人將屆退休年齡，社會逐漸老化，境內 0-6 歲的幼兒大致佔總人口的 8%。

　　少數民族的幼兒及青少年約佔總人口數的 14%。由於移民人口高度地集中於許多市鎮，因此必須投注心力於促進社會整合的政策制訂，其中之一的措施為擴展至家庭的介入方案，這個方案尊重少數民族的文化，提供母語支持及適當的荷蘭語教學，以幫助他們適應社會。

二、社會背景

（一）整體社會方面

荷蘭的政治體制屬於君主憲政（constitutional monarchy），由聯合政府管理，各部會首長需向國會負責，國會又分爲上議會及下議會。行政分成三個層級：中央、12個省，及572個地方市鎮。中央政府處理有關國家利益的議題，而省及市鎮政府負責地方事務。

荷蘭的社會政策發展完善，包含公立、私立及自願性質的社會機構，其目的是預防社會隔離及「先來者先佔有」的弊病（pre-empt problem）。1970年代全國性的社會福利開始發展，然而卻面臨了不符合當地需求的問題，因此作法則改由省及地方政府負擔較多的責任。1980年代的經濟衰退使得有效能的利用經費成爲重要的標準。符合地方政府標準的私立非營利性機構（private non-profit organization）開始被用來提供特殊服務，其中也包括了幼教領域。

荷蘭系統的兩個主要概念就是「一致」（harmonisation）及「去中央化」（decentralisation）。受去中央化的概念影響，1987年起，地方政府開始負責執行中央政府制訂的政策。1980年代，中央政府設立的兩個跨部會工作小組負責發展正面的策略以對抗青少年的社會問題。去中央化同時反映出荷蘭從「關愛的國家」（caring state）轉變到「關愛的社會」（caring society），也就是將社會問題的預防工作從社區層級就開始做。同樣地，幼兒教育與保育服務也轉變成顧客導向，以符合個人需求及增強顧客自主。

在社會政治脈絡下所產生的一致原則使得在荷蘭的政

策決定過程中，形成「共識」是很重要的。因此，整合決策過程的參與者不只是各層級政府，還包括公司雇主、私立幼托機構經營者、教會、學校、及一般人民等。討論與協調是合理且合原則的決策行為，他們鼓勵「多用紅蘿蔔，少用棒子」，也就是多獎勵，少處罰的策略。

另一個社會秉持的原則是受憲法保障的教育自由。家長可依照其宗教、哲學、教育或教學理念來選擇孩子的學校。這樣的概念反映在機構的選擇權上，在住家的鄰近地區，形成了各種不同類型的幼教托育機構共存的現象；反映在課程上的現象就是沒有全國性統一課程的制訂。

學校除了宗教及哲學理念上的不同，在經費來源上，可分為兩大類：公立及私立，但兩者都受中央及地方政府同等的資助，補助金額以學生人數來計算。這樣的概念再一次的反映出荷蘭尊重個人可有不同信念及看法之權利。

（二） 家庭方面

荷蘭的家庭數量下降，但基於家庭是社會的基石，所以家庭相關的議題備受政治家及政策制定者的注意。育有小孩的家庭由 1960 年的 61% 降至 1995 年的 38%。該國單親家庭的比例為 6%，約有 9% 的 0-17 歲兒童成長於單親家庭。

因為養育孩子是家長主要的責任，荷蘭當局抱持著包容多樣化的家庭型態及堅持家庭自主，但親子關係仍建立在家長的最終權威定位上。基於如此，在 1967 年所成立的「家庭政策部」（Department of Family Policy）的家

庭政策取向爲「幫助而不介入」（pro-family but non-interventionist）。此外，根據兒童照顧暫行命令，幼教機構及小學都需要提出如何與家長保持溝通及家長參與的計畫。1999年，荷蘭更進一步將針對家長的支持服務整合到學校機構，使學校具有多功能。

支持家庭的方式有幼兒津貼（child allowance）及對負擔家計者（通常爲男性）給予減稅，這樣的政策僅對傳統式家庭有利，對於婦女平等工作權的推動並無助益。

另外，約有5%-15%的孩子成長在貧窮或物質環境不佳的家庭環境中。因此，數個跨部會的政策委員會及協調團體正爲了這些兒童而努力。教育部更投入每年六億荷元來預防身處不利的兒童們在學業學習上的失敗。

三、經濟背景

荷蘭的經濟健全，目前以服務業及貿易爲主，失業率爲6.9％，是歐盟七個最富有的國家之一。然而，荷蘭仍有貧富不均的問題，在阿姆斯特丹、鹿特丹、海牙及屋特勒克四個大城市中，有24％的人依靠最低收入，而土耳其裔及摩洛哥裔人口的失業率是荷蘭本地人的5倍。

在過去十年裡，蓬勃的荷蘭經濟轉型爲服務工業，造成勞工短缺問題，在面對人口逐漸老化時，荷蘭需要新的勞力來源。此時，女性的教育程度和資格提升，並且努力獲得更多的認同及在社會上和勞工市場上的平等。這些因素造成更多的女性投入發展中的服務業，女性員工的百分比由1986年的41%增至1996年的58%，且女性在兼職

工作者中佔了近 79%。如此一來，幼兒教育與保育的需求面增加，勢必需要擴充幼托服務的供應量。

貳、幼兒教育與保育發展源流

（一）由法規來看

1. 荷蘭全面提供 4-5 歲幼兒就讀幼稚園，由合格幼教老師進行教學，已逾半個世紀了。1956 年幼稚園有了法律上的界定。

2. 1985 年時，幼稚園被併入於義務教育小學系統裡，起使年齡為 5 歲。

3. 1996 年頒布兒童照顧暫行命令。其規章是有關於兒童、健康、安全、工作人員、空間等相關規定。

4. 憲法 23 條─保障教育自由、選擇權，設立各種性質的學校（宗教等），及學校零拒絕原則。

（二）由機構設置來看

1. 1990 年代早期之前

專門針對 4 歲以下幼兒的幼兒教育與保育服務是很少的。由公共提供幼托服務以滿足職業婦女對於幼兒保育的需求，及提昇 4 歲以下幼兒學習環境，這兩方面在當時社會上不受到重視。1956 年時，只有 30 家的兒童保育中心。1960 年代許多家長合作團體組成遊戲團體提供 2-3 歲幼兒遊戲的機會，然而幼兒教育與保育上的需求未被視為是一項值得公共討論或投資的議題。

2. 1990 年之後

蓬勃的荷蘭經濟轉型為服務工業，造成勞工短缺問題，在面對人口逐漸老化時，荷蘭需要新的勞力來源。此時，女性的教育程度和資格提升，並且努力獲得更多的認同及在社會上和勞工市場上的平等。這些因素造成更多的女性投入發展中的服務業。如此一來，幼兒教育與保育的需求面增加，勢必需要擴充幼托服務的供應量。

政府意識到需增加幼教托育機構及提昇婦女在工作上的平等地位。在 1990 和 1996 年間，實行了一個關於幼兒保育的政策。這個六年的刺激策略方案（Stimulative Measures Program）是將中央政府的資金用以建設幼托服務，並且與公司／雇主合作。其長期目標在達成70％的幼兒保育服務經費應由公司／雇主及家長／雇員共同負擔，剩餘的30％才是由地方政府及家長負擔。至於遊戲團體則不包含在此方案中，因為它們不被認為是為了符合職業婦女育兒需求而提供的服務。方案實施後擴大了幼兒保育的總名額，由 1990 年的22500 個名額增加到 1996 年的85000 個。然而，2002 年，預計會有 60000 個以上的名額需求，這需要其他的政策來因應。

義務教育的起始年齡為五歲，雖然在法律上並未明文規定，但四歲幼兒也可參加小學的幼稚園班，目前四歲幼兒的就讀比例約為98％。學校多位於幼兒住家附近，且沒有入學條件限制。大部分幼兒的住家離學校約是走路或騎腳踏車可到達的距離。

參、幼兒教育與保育組織、政策及法規

一、幼兒教育與保育現況

　　荷蘭義務教育起始年齡為 5 歲。4-6 歲幼兒進入基礎學校接受免費的學前教育之比例為 100％，0-4 歲幼兒當中約有 20％ 進入全日或半日幼兒教育與保育機構，2-4 歲幼兒則有 50％ 參加遊戲團體。在師生比方面，0-1 歲的比例為 1:4，1-2 歲的幼兒為 1:5，2-3 歲幼兒的比例是 1:6，3-4 歲為 1:6，4-12 歲兒童的比例是 1:10，基礎學校的師生比例甚至可高達 1:20，是荷蘭幼教品質較弱的一環，該國政府政努力降低此師生比。

二、主管機構

（一）健康福利與運動部（Ministry of Health, Welfare and Sport）

　　負責四歲以下兒童的健康、保育、及福利，和學齡兒童／青少年的課後托育管理。並且負責有關兒童及他們家庭的政策問題。

（二）教育文化與科學部（Ministry of Education, culture and Science）

　　負責四歲以上就讀小學或基礎小學（basisschool，招收 4-12 歲兒童）的幼稚園部的幼兒（幼稚園為義務教育之第一階段，起始年齡為 5 歲）。

（三）地方政府（即市鎮政府）

　　負責每年對於幼兒保育中心進行評鑑。

三、幼兒教育與保育機構

針對 0-4 歲幼兒的幼兒教育與保育機構大約有三大類：

（一）由家庭、親戚或非正式的褓姆照顧：約有 85% 的嬰兒與學步兒屬於此類照顧形式。

（二）幼兒保育中心：約有 15% 的幼兒參加此類機構。

（三）遊戲團體（playgroups）：超過 50% 的二到三歲幼兒會參加遊戲團體。

許多幼兒在一週內會參加二個以上的幼兒教育與保育形式，例如：在家長上班時，幼兒會到幼兒中心；參加遊戲團體以認識朋友；在家中與家庭成員團聚。

此外在幼兒托育的供應面上有明顯的不足，1996 年每 100 位 0-4 歲幼兒只有 7.72 個名額。

四歲以上的幼兒教育與保育機構包括：小學教育（4-12 歲）中的四到五歲幼兒可參加的幼稚園班、課後中心、正式褓姆及非正式的保育（如：家庭或非正式褓姆）。

四、幼兒教育與保育法規

目前幼兒保育中心及課後中心受到 1996 年頒佈的幼兒保育品質要求及市鎮法規所規範；正式褓姆受到正式褓姆辦公室（official childminding office）及市鎮法規管轄；小學則依小學法（Law on Primary Education）辦理，並接受教育督學監督。

與幼兒教育與保育相關的法規詳見表 7-1 。

表 7-1　荷蘭幼兒教育與保育相關法規一覽表

法規	服務對象	內容
青少年政策 （youth policy）	0-25 歲兒童及青少年（特別是身處不利的族群）	促使從事於各種不同服務領域的機構互相合作，以考慮幼兒及青少年的多方面發展
鼓勵政策 （incentive policy）	兒童	與兒童保育有關之規定
福利法案 （Welfare Act）	兒童保育機構	各機構要發展出自己的品質標準，且在五年後要執行。
兒童照顧暫行（2）市面的責小，戶外遊要條件（5）長對於機使父母父母的	命令 （Temporary Decree of Quality Regulations for Childcare）	定義出（1）兒童照顧的不同形式鎮在兒童健康及安全要素方任（3）　職員比例、教室大戲空間（4）嬰兒睡眠室的必規範褓姆的相關條例（6）家構的影響　（7）家園關係（如：知道教學政策、投訴程序；投入；和父母的聯繫）
刺激策略方案 （Stimulative Measures）		有關中央政府把經費導向公用事業，並與雇主互相合作配合
小學法 （Law on Primary Education）	小學（包括幼稚園部）	確保小學教育的品質，且條文說明小學教育的一般任務，明列出學生在各科的知識、技能及情意態度上所應達的標準。注重教育的目的。
勞工與保育架構法案 （Labor and Care Framework Act）	父母親	使父母親更易於兼顧工作及家庭責任。
（Small Capital project）		提供全國幼兒教育與保育品質架構，規範幼托機構需達到的最低標準，包括人員管理、經費、專業成長、環境設備、福利、申訴系統、教學及家長參與等。

由表 7-1 可看出，荷蘭的法規不僅只是規範功能，更在要求品質。教育督學的責任在確保小學遵守法規，符合法規也是小學獲得政府補助的要求之一。現在督學採用更整合的方式進行監督，由兩位督學至評鑑學校，針對該校政策與品質進行數天的評鑑。這個實施方法可鼓勵學校對自己的實務工作進行反思，但對於督學的工作量是一大負擔。目前，究竟是應該對所有的學校進行簡短的評鑑或是僅對品質較差的學校做較深入的評估，在此新方法可行度上產生爭議。

五、經費

幼教經費由政府、家長及雇主來分擔。家長需負擔日托中心及遊戲團體的費用；雇主若為員工提供日托機構，則可獲得減稅；政府則是補助地方政府。

表 7-2　不同時期幼兒教育與保育經費負擔比例表

負擔者 　　　年	1989	1994	1996
政府	55%	41%	33%
父母	35%	37%	42%
雇主	7%	19%	25%
基金、公債	3%	3%	

從表 7-2 可發現，政府所負擔的比例漸漸降低，而雇主與家長的負擔比例逐漸增高，依此趨勢，未來家長與雇主可能成為主要經費來源。以目前減稅的制度來看，將比較有利於雇主，對於負擔逐漸增加的家長而言，對於低收入家庭使用有品質的幼教托育服務恐造成排擠效應。

　　四歲以上幼兒進入小學的幼稚園部就讀的費用是完全由政府負責，對於幼兒的特殊需求（包括特殊教育、身處不利的幼兒、少數民族的幼兒），學校可收到政府額外補助。

　　在幼托機構人員及小學老師的初始訓練上，資金都由政府負擔。在職進修經費的來源則分開，日托中心經營者需負擔工作人員的進修經費，小學老師則由中央政府補助地方政府支應。

六、師資／工作人員

　　在荷蘭，幼教工作者不被視為專業人員，社會地位也不高。幾乎所有幼教工作者都是女性。雖然幼稚園老師的地位比幼兒保育中心及遊戲團體的工作人員高，但與同在教育體系中的小學老師相比，還是屈於下位。

　　部分幼兒保育中心工作人員及多數遊戲團體工作人員是採自願者或訓練者。其工作性質多被歸為「母親的替代品」，而非專業的教育者或保育者。1998 年後，漸漸調整幼兒教育與保育工作人員的薪資，這反映出對於保育品質的提升及改善工作人員地位。

　　在荷蘭，幼兒教育與保育工作人員及其所接受的訓練是不同的。針對 4 歲以下幼兒的幼托機構工作人員是屬於福利系統，人員訓練較偏向社會工作。一般而言，他們的訓練程度較低，且不具幼兒教育與保育專業。多種在職進修管道正在推行中，地方政府補助部分教育性或私人的機構，提供一日或密集性的進修研習。目前尚有針對幼兒保

育中心及遊戲團體人員合辦的在職訓練,以促進兩種機構的協調。

在教育系統中,幼稚園老師的教育訓練程度較高,在專業程度及薪資上都與小學老師同等。在合併幼稚園老師及小學老師的師資培育機構的過程中,專長為幼教的教授人數卻大幅減少。雖然在師資培育的四年之外,學生尚可加修幼教專長,但與幼教小學師資培育分流時相比,時間相對較少。

越來越多的婦女進入工作職場、小學的小班化政策以及逐漸老化的小學老師,使得荷蘭對於專業幼兒教育與保育的工作人員需求量仍在增加中,未來預期會有人員短缺的現象。為因應這樣的情形,荷蘭提供新課程給數千名前任教師,使他們能重拾教職。

七、特殊教育

荷蘭對於特殊教育向來付出很多,他們有眾多的計畫及機構可提供給需要特殊教育的兒童,但並非廣及全國。

荷蘭小學及中學中的特殊學童比例(9.1%)較其他工業國家高,其原因可能是該國對於特殊教育的定義不同,或是其篩檢標準較高。在特殊幼兒的安置上,約有6%的特殊學童在特殊學校就讀。在 1980 年代中期後,有特殊需求的學生被重新融合到一般學校系統。

1998 年,新版小學法雖認可特殊小學的地位,還是將特殊教育和一般教育合併。除了開放更多的小學及中學給需要特殊教育的兒童,小學的幼稚園部也提供給發展遲

緩的幼兒。

八、相關幼兒教育與保育政策

(一)產假與育嬰假

　　荷蘭的產假與育嬰假比歐盟的標準少。1990年起，懷孕的職業婦女可享有16週有給薪的休假：六週懷孕假及十週產假。四歲以下兒童的父母親有六個月不給薪的育嬰假，但必須每星期工作至少20小時。除此之外，還有災難假（calamity leave）。

(二)兒童津貼制度

　　1940年代前就有了一套兒童津貼制度。目前，家長可領取的補助金額如表7-3，而這些補助款平均約佔家長養育子女實際花費的1/4（對於低收入戶而言，約佔41％，而高收入戶則佔其花費之17％。）

表7-3　荷蘭兒童津貼補助額一覽表

兒童年齡	每年補助金額（幣值：NLG）
0-6歲	1,200
6-12歲	1,450
12-18歲	1,710

註：2003年2月，1NLG相當於新台幣16.73元。

(三)健康服務

　　荷蘭對於該國的健康制度非常自豪，制度包含了強制健康保險、私人健康保險及政府補助無保險者。荷蘭十分重視預防性健康照顧（preventive health care），並與

醫療性健康服務區隔。其中，針對所有兒童的預防性的健康照顧是全面性實施，且爲免費，該政策希望透過預防性健康照顧來改善孩子可能身處不利的狀況，並盡早處理不利狀況以免影響往後幼兒的健康或造成偏差行爲。

4 歲以下幼兒的健康照顧，由特殊醫療費用法案（Exceptional Medical Expenses Act）規範。幼兒的預防性健康照顧可分爲三類：產期健康（對於生產家庭的幫助）、學前教育健康照顧及學校健康照顧。學前教育健康（0-4 歲）由醫生及護士到家中爲幼兒檢查或治療，幼兒在4或5歲時進入小學系統就讀時，其健康記錄在家長的書面同意之下，會送到孩子就讀的學校。

4-18 歲的學生健康則由市鎮健康服務（Municipal Health Services）負責。早期的篩檢及檢查意味著幼兒的身體發展及社會心理發展受到監督及重視，當有需要時，特殊服務就會被應用。而荷蘭在特殊教育機構上投入了許多的資金，以更進一步地提高可服務的名額。現在特殊教育轉變成較具教育性的形式，並回歸到主流服務中。

九、品質監督

在保育系統方面，Small Capital 方案提供了全國幼教托育品質架構，規範保育機構需達到的最低標準，包括人員管理、經費、專業成長、環境設備、福利、申訴系統、教學及家長參與等。依這個品質架構爲依據，保育機構須爲自己機構的品質負責，而地方政府依法每年需檢查保育機構一次。在教育系統方面，當孩子滿四歲進入設於小學之幼稚班園班，其受教品質即受到小學法之保障。學

校需提出學校年度計畫及針對未來四年的政策計畫供家長
及督學參考。

肆、課程與教學

　　荷蘭並沒有國定的幼教或小學課程，但政府訂有幼兒
中心或幼稚園都需遵守的標準。受到裴斯塔洛齊、福祿貝
爾及蒙特梭利的哲學影響，荷蘭的幼兒教育主要是透過遊
戲來促進幼兒的學習，同時為小學教育奠下基礎。其餘尚
有其他不同的幼教機構都認為其哲學及教學法（高瞻遠矚
式，High/Scope；瑞吉歐式，Raggio Emilia）對於幼
兒有助益。

　　小學內幼稚園部的課程就較一元化。通常 4-5 歲幼教
課程著重於社會及情緒的發展、創造力、遊戲及探索。教
學法則呈現兩極，一派傾向自由遊戲（free play），但被
評為缺乏教育基礎；另一派則專為入小學準備模式
（readiness for school）。

　　自從 1996 年，發展出許多模範方案，不僅鼓勵遊戲
及幼兒主動學習，且提供入學準備的基本要素。

伍、議題

一、對於童年與家庭組成的看法

　　在荷蘭，不同年齡的族群形成不同的童年期。對於荷
蘭幼兒而言，在教育上、醫療上及社會上，他們是被分類
的。分類的目的在於補償身處不利及有特殊需求的幼兒，

167

其前提是希望所有兒童的生活有個快樂及平等的開始。然而，這也顯示出荷蘭的教育傾向找出孩子的缺點，卻沒有積極的去追求孩子的長處。幼兒不被視為在發展階段中「有能力」的個體，或在社會中有自己權利及興趣的一份子。這樣的作法會造成政府僅反應式地（reactively）投資幼兒，4-6歲的幼兒教育也只被視為進入小學的準備。

如前所述，孩子是家庭的責任，而婦女更被視為主要照顧幼兒者。雖然社會風氣漸趨向男女平權，但婦女肩負照顧孩子的責任對於其工作選擇權上產生不均等的現象。政府為因應婦女工作需要所提供之4歲以下的幼兒教育也多屬預防性，而不具促進互動及發展的教育性活動。且過於注意量的擴展（幼托機構可服務的幼兒名額），可能會因而忽略了質的要求（符合幼兒的發展需求）。

二、幼兒教育與保育機構間的協調

幼兒教育與保育機構及形式的多元化使得協調工作變得很重要。然而在協調上會面臨以下挑戰：第一，教保系統分別由兩個部會管理，要提高幼兒教育與保育機構間的品質需要部會間良好的溝通協調。第二，幼兒教育與保育的政策決定權已下放至地方層級，地方政府需要獲得支持以同時兼顧地方需求及國定政策之實施。第三，逐漸形成的市場導向使得幼兒教育與保育形式將更顯多元且複雜。第四，近年來的幼兒教育與保育的發展趨勢朝向獨立（isolated）、不相關（unconnected），因此使得協調工作難上加難。

目前荷蘭依照學齡兒童的需求來進行機構間的協調，但採行的方案對於四歲以下幼兒卻功效不大。

三、家庭參與及支持

雖然荷蘭的育嬰假及產假有其限制，但荷蘭已著手立法以支持家長兼顧其工作及家庭責任，但在實行家庭支持時還是會有其他問題。

對於來自文化或經濟不利家庭的幼兒而言，在能力上他們尚未準備好與其他幼兒一同進入小學的幼稚園部就讀，這樣齊頭式的公平其實是有問題的，社會福利部已提供早期介入方案給予這樣的幼兒額外的支持。

學校不傾向介入或鼓勵課後托育，造成幼兒放學時間與家長下班時間有一段空窗期。在保育系統與幼教系統中欠缺能夠支持家長的專業人員，老師也缺乏相關訓練。這兩個問題在家長參與及支持上是待解決之漏洞。

四、幼教、保育與小學的銜接

屬於保育系統的四歲以下保育機構及課後托育班在數量及教育品質上都較沒保障。屬於教育系統的小學內的幼稚園部是被認為品質較好的，班級內配置足夠的合格工作人員及提供相關的學習機會。

幼稚園所使用的教學法呈兩極化（遊戲式教學及重視讀寫算的教學），有一派的人批評遊戲式的教學低估幼兒的能力，並且無法與小學一年級的課程銜接，另一派的人則評論著重讀寫算能力的教學法是不符合幼兒發展，是過

早教育幼兒。為了解決這個問題，將幼稚園及小學合併成基礎小學，可減低幼小銜接的困擾，但這樣仍沒有解決幼教與保育機構間的銜接問題，且在評鑑時，具有幼教專長的督學居少數，評量項目中針對幼稚園年齡層的項目也不多，監督的實際效果有待商榷。

五、幼教工作人員良莠不齊

不同系統的幼兒教育與保育機構可提供家長多樣的選擇，但不同系統中的工作人員素質差異卻是造成幼兒教育與保育品質低落的重要因素。隨著幼兒教育與保育機構的快速擴展，幼兒教育與保育工作人員的專業化有其迫切性，這種專業化不僅只是提升教育或保育的專業知能，更要增加老師或工作人員協助家長的能力，尤其是少數或弱勢族群的家長。

目前在工作人員及老師方面存在著以下問題極待解決：第一，保育系統人員的工作條件較差，無法吸引優秀人才加入。第二，幼稚園與小學師資培育合流，反而造成幼教專長的課程減少，因而造成幼教老師的專業訓練不足。第三，保育及教育系統中的工作人員及老師都面臨人數不足之窘境。

六、經費及補助分配

目前荷蘭免費的幼兒教育及老師的專業培訓都需要政府經費的補助，但荷蘭的經費補助系統可謂複雜且混淆，而如此複雜的系統可能導致行政低效率及分配不平等的問題。

陸、結論

　　荷蘭的幼兒教育系統由三大部門負責：教育、社會福利及健康，幼兒教育的形式則是反應多元的社會及教育需求，如：提供幼兒保育以使婦女更容易進入職場；透過增加保育機構來創造社會福利的就業工作職缺；改善幼兒健康與家庭福利等。複雜的制度及多部門的管理造成幼教政策執行時的品質問題，需要更協調一致的跨部門整合，才能達到高品質的幼兒教育與保育。

　　此外，荷蘭將幼稚園及小學整合成基礎小學的經驗，及實行上所遇到的問題，值得我們參考。

Chapter *8* 捷克

壹、生態與環境背景

一、人口背景

　　捷克總人口為 1020 萬人，人口密度是每平方公里 131 人，孩子約有 50 萬 3 千個人，約佔總人口的 5%。

　　捷克境內有超過 3/4（78 %）的人口是住在都市。過去 20 年，捷克的出生率已經從 2.2 人減少到 1998 年的 1.17 人，被列為出生率最低的國家之一。在 1 9 9 7 年，只有 90,657 個嬰兒出生，是 1785 年之後的新低紀錄。捷克人口總成長是每 1,000 個居民只有 0.8 個人。由於出生率減少，再加上年輕移民的生育年齡，有部分地區的學齡前幼兒數量之少創歷史新低數字（特別是中部與東波希米亞）。另一方面，西部與北波希米亞則出現學齡前幼兒人口集中的情況。

　　相較於其歐洲鄰國，捷克人種較單純。境內波蘭裔及德裔佔總人口的 1%，吉普賽人佔 2%，多數的居民（81.2%）

認同他們自己為捷克人。

二、社會背景

　　相較於其他歐洲國家在 1970 年代的家庭結構轉變，1989 年之後，捷克的家庭結構轉變才開始，年輕夫婦延緩結婚以及生育第一個（和第二個）孩子的年齡。同時，捷克也正在面臨同居或未婚生子女數增加的趨勢。1998 年，大約 18% 的孩子是出自於單親母親家庭。在 1998 年「家庭法案」（Family Act）之後使離婚變得更困難，因而降低了離婚率，但捷克的離婚率仍是歐洲中最高的。高離婚率與未婚生子造成單親家庭增多（以單親媽媽居多）。這些家庭結構的改變正是教育系統的新挑戰。

　　捷克社會對於幼兒成長似乎逐漸形成共識，他們認為家庭是幼兒最重要的教育場所，孩子最好是由母親在家照顧，而非送到學前機構去。這樣的概念也導致家長參與成為捷克幼兒教育與保育機構中品質的重要環節。1989 年之前，在學前教育階段家庭參與並不普遍。但情形正在轉變，家長變得更積極參與幼稚園的活動。在國家層級，由家長組成的家長聯盟（Union of Parents）增強了家長在捷克教育系統中的影響力。

三、經濟背景

　　在衰微的時期之後，90 年代前半期 GDP（國內總產值）增加 3.5%，每一人達到 $5,371（1998 年），僅等於是希臘和葡萄牙 GDP 的一半。從前的捷克實施的收入分配更甚於其他共產國家。過去五年，捷克收入不平等情

形增加,這是因為在非公家部門的薪資提高及在教育上投資的回收所造成的現象。

雖然最近經濟和社會的轉變帶來失業、薪水的不平等及政府預算的削減,值得注意的是,捷克政府到目前為止藉由稅率重新分配和社會變動來檢視孩子身處貧窮的問題,90 年代前期上升約在三個百分點,現在則是 5.9%(貧窮的定義:育有 0-14 歲兒童的家庭,收入在國民平均所得的 50% 以下)。這個比例在 OCED 會員國中是最低的。

在 1989 年,政治上開始變化之後,捷克在經濟上也經歷了逐漸撤銷管制規定、私營化和課稅系統的改革。1990-1998 年期間,這些經濟變化清楚反映在勞工市場的統計數字上。當中央的計劃扶植了工業,相對地卻損害了服務業,90 年代經濟上的轉變改變了這樣的不平衡狀態,隨著在服務業就業的上升,工業就業正在衰退。在推行有助於私營化的政策後,私營機構就業人口的百分比從 1990 年的 7% 升到 1998 年的 69% 。在 1989 年,農業的工作人口數字繼續衰退中。

失業率從 1990 年的 3.2% 攀升到 1998 年的 8.9%。90 年代後半,失業率更是逐漸地上升到 9% ,平均而言,在某些地區失業率更高過 20% 。少數民族專家更估計吉普賽民族的失業率更高達 90% 。

女性就業呈現出有趣的現象。在 1980 年代中期近90% 的女性被雇用,且通常是全職婦女,但現今這個數

字約下降至 70%。這樣的變化可歸因於幾個因素：（1）婦女失業率增加；（2）退休年齡規定的變更關係著女性勞力減少；（3）年輕女性及年輕父母在親職態度上的轉變使得女性就業大量減少。

在過去的五年，勞工市場的發展在某種程度上促進了教育的需求，以及教育與技職系統中就業機會的增加。直到 1990 年之前，高教育與低教育水準的人在薪資上差距極小。但在過去幾年，情形已經顛倒，舉例來說，醫生和教師的薪水慢慢地已經增加了。一般而言，薪水增加與部門的活動相關性較高，而不是教育程度及資格。

在過去十年，隨著經濟的成長回歸到人力資產投資，人們完成每個階段教育的比例已經增加。比例中只有完成小學教育的比率在下降。而繼續較高等教育的比率已經上升。現在，84% 的成人至少已經完成更上一層的教育，而且有 10.4% 的成人已經完成大學教育。

具有小學學歷的族群失業率高達 18.9%，反之，大學和學院畢業者，失業率只有 2.8%，這樣的情形顯示出教育和學校教育漸形重要。

貳、幼兒教育與保育發展源流

在 20 世紀初的改革運動中，尊重個別幼兒權利的想法開始得到支持，幼稚園中所採用指導性的結構教學法被強烈地質疑。因而幼稚園漸漸地受到蒙特梭利教育方法、原則、方式所影響。在過去受共黨統治的捷克，學前教育

系統是共產黨控制下一代意識型態的方法，家庭則是不被信任的。

20世紀的後半，如同其他的國家的女性，大多數捷克婦女進入勞工就業市場，使得幼兒教育與保育的角色和功能改變，從原來主要服務幼兒，變成家庭支援系統。

在1960年「學校法案」（School Act），托育中心（creches）和幼稚園是被歸類在相同的教育系統中。換句話說，從0-6歲的幼兒都屬於幼兒教育與保育系統。原有的幼稚園課程也由專門為托育中心和幼稚園設計的方案所取代，針對方案各部分則另有詳細的方法準則做補充。在這個時候，隨著強調為將來小學做準備，幼稚園的教育功能也被加強。1984-1988年婦女投入就業市場高達90%，幼稚園三到六歲幼兒的就學率持續增加到97-99%。在1989年，99% 三到六歲的幼兒到幼稚園就讀，而有20%六個月大到三歲的幼兒則進入托育中心。

捷克的政治，社會和經濟的變化已經影響幼兒教育與保育系統。比起1989年之前，地方分權決策，家長參與的增加，私營化或教會經營等因素，對捷克的學前教育有較大影響。

參、幼兒教育與保育組織、政策及法規

一、幼兒教育與保育現況

捷克義務教育起始年齡為6歲，政府全面提供3-6歲幼兒教育，三歲幼兒的入學率為66.5%，5-6歲就學的比

例可達98%。大約有 96% 幼稚園是全日制的，1980 年代全日制幼稚園幾乎達100%，以符合大多數的婦女是全職的工作。至於0-3 歲的嬰幼兒鮮少使用幼兒教育與保育服務，大多都由家庭成員照顧。師生比則是 1:12 。

二、主管機構

在捷克，家庭之外的幼兒教育和保育多集中在 3-6 歲的年齡層。管轄這些機構的責任主要是教育青年與運動部、地方學校主管當局和學校稽查員的職務。幼稚園的實際建立與管理為地方政府的責任。有時候，幼稚園也有教會或私立機構經營。

3 歲以下幼兒的教育與保育是健康部門管理監督。1989 年，當母親正忙於工作時，大約有20% 六個月到三歲的孩子在托育中心中被照顧。在捷克較少傳統式的家庭日托中心、褓姆或是其他由家長雇用的家庭式保育。此外，這些方式缺乏管理，政府也不予補助。公私立托育機構則是數量有限。

幼兒教育與保育的管轄責任分屬三個不同行政部門，而跨部門的協調就成為很重大的議題。只有幼稚園和特教幼稚園是教育系統，是屬於教育青年與運動部（Education, Youth, and Sport）的責任範圍。托育中心服務 0-3 歲幼兒，由健康部管理；治療性保育中心則隸屬於內政部。現今的幼兒教育與保育系統的主要特徵在下面描述之。

三、幼兒教育與保育機構

自從 1989 年以後，政府逐漸將決定權下放到地方政

府以及學前機構、特教幼稚園。雖然為數較少，私立或教會組織系統的幼兒教育與保育對象也是三到六歲的幼兒。

公立幼兒教育與保育以1869年的法律為法源而開始建立的，不過還只是照顧與教育學齡前幼兒。三年後，行政當局區分了三種幼兒教育與保育機構的類型：幼稚園、托兒所和托育中心（creches）。另也有針對特殊幼兒所設的特教幼稚園。

（一）幼稚園

服務3-6歲幼兒，主要目標為：支援家庭教養他們的孩子，並為將來進入義務教育做準備，而且促進幼兒身體、知覺及心智能力。

（二）托兒所

服務對象也是3-6歲幼兒。不傾向讓幼兒為未來學校做準備，保育是唯一目的。

（三）托育中心

被定義為健康照顧機構。招收對象為三歲以下的幼兒。1989年之後政治的改變，採行較長的產假導致家庭以外之托育需求減少。育嬰假津貼使得雙親之一（通常為母親）得以留在家中照顧幼兒直到四歲，6個月以前給予全額津貼，之後則給予部分津貼。這樣的措施使得托育中心的數量急遽減少，到了2000年，只剩67所托育中心照顧1,913位孩子。

（四）特教幼稚園

由教育青年與運動部建立並管理，有時候則由地方政府建立管理。特教幼稚園在醫學的機構裡由學校主管當局建立管理。

四、師資／工作人員

（一）資格

1. 幼稚園教師

在 1998 年，總數 26,000 位學前教師在 6,152 家幼稚園中，照顧與教育 307,000 位三到六歲的幼兒。這個數字比起十年前減少很多（38000 位老師在 7300 所幼稚園中照顧及教育 395000 位幼兒），這可能跟前述出生率的減少有關。幼稚園的教學工作幾乎由女性擔任。幼稚園教師、特教幼稚園教師及園長的資格都有國家規定，幼稚園教師的最低資格必須完成中級的教育，並主修學前教育。

幼稚園裡超過 95％ 的教師已經完成中等教育，通常是四年的教育。其課程包括 45％ 的通識教育，33％ 集中在教育和心理學的訓練以及特教與社會教育學，其餘部分則特別著重於學前教育老師在藝術、音樂、運動上的技術和知識。此外，學生必須完成 822 小時或佔專業教育 21％ 的時間來進行實習，以得到個人的實務教學經驗。

2. 托育中心工作人員

托育中心的工作人員是護士，與醫院的護士同樣接受醫護中等學校教育。經過三年課程，通過最後的考試，這些護士受的訓練偏向健康與衛生領域。目前這種職前訓練多由高級職業學校提供。

（二）職前教育的改變

目前學前教育師資正在減少中，學前教師培育機構中的學生人數已經從 90 年代 7000 位學生減少到 2500 位學生。此乃肇因於同時期幼稚園的數量減少，導致畢業的學前老師就業的困難。但是一項新的進修方案提供較寬廣的基礎，畢業生取得的資格使得他們可以擔任不同場域的工作，包括小學、課後保育以及輔助家庭教育的機構。

（三）在職訓練

學前教育老師的在職教育有幾種不同的形式。每年的地方性教師在職訓練提供很多課程給教師，內容多是根據參與教師的興趣。大部分是自願性的，並允許教師根據其興趣選擇或者是視個別幼稚園所認同的課程需求。

但是，也有一些課程是強制性，例如針對幼稚園園長、視察員或管理者的訓練。不論是地方性或國家的層次，教師在職教育中心都提供了多樣的課程，如創意教學競賽，老師需以藝術或運動形式完成方案。

（四）工時與薪資

1999 年時，幼稚園教師的平均薪水是 9,454 CZK（約合新台幣 10,777 元），比起同年捷克平均薪水，少了 2,600 CZK（約合新台幣 2,964 元）。依據規定，幼稚園教師或特教幼稚園老師每週至少要花 31 個小時與孩子一起相處。幼稚園園長一週最少需有 13 小時與孩子相處。

五、經費

在 1990 年針對學前教育所採用了新資助系統，國家、地方政府及家長共同分擔幼兒教育與保育的財政，有些額外的贊助則是來自於地方的私人企業。幼稚園中一個名額所需要的年總花費大約是 24,000 CZK（約合新台幣 27,360 元）。家長負擔比例因地方不同有很大的差異。但是家長負擔部分不會超過一位幼兒就讀幼稚園所需總花費的 30%。而基本上，學校主管當局負擔教師的薪水和設備費用，而地方政府則包辦了投資及營運的費用等等。從表 9-1 中，可以發現屬於中央層級的教育部負擔的金額為地方政府的二倍。

表 9-1　1989-1998 年捷克幼稚園公共支出　（單位：1000CZK）

年	合計	教育部負擔金額	地方政府負擔金額
1989	1,947,780	-	1,947,780
1994	5,530,361	3,632,501	1,891,860
1998	7,284,190	4,836,807	2,447,383

（2003 年 2 月，1CZK 約合新台幣 1.14 元）

新的改革將考慮地區性之收入與支出的不同，允許更多的財政彈性空間，以解決有些地方或區域幼兒與幼稚園較少的問題。

六、相關幼教政策

（一）育嬰假津貼（parental leave benefit）

在 1990 年，政治的改變導致特別強調家庭的新社會

支持系統的形成。這些家庭支援系統針對所有家庭提供支持，也有對低收入家庭提供特別支持。在捷克，育嬰假津貼就是一個針對所有家庭的家庭支持政策，不管收入多寡，父母雙方一人，可以照顧一個孩子直到孩子滿四歲。育嬰假津貼取代了薪水，在家長重回工作崗位時，仍可維持與休假前一樣的薪資。照顧慢性疾病或長期殘障幼兒的家長，可享有育嬰假津貼直到孩子七歲。

（二）「兒童津貼」（child allowance）和「社會捐助」（social contribution）

這是對育有幼兒的家庭所特有的補助。除此之外，如果家庭的總收入少於最低收入，也就是收入在「最低生活收入法案」法定下限之下，該家庭可獲得額外的社會照顧津貼以補齊其不足的經濟收入。

七、特殊幼兒教育

從戰後到 1989 年政治與社會的轉變期間，有特殊需要的兒童被安置在特教機構，與一般的幼兒教育與保育機構分流。但 1989 年之後，在理論與實踐上對需要特殊支援的兒童出現了有系統地轉變，特殊教育與一般教育從分流到融合。在過去幾年，各種公私立幼兒教育與保育組織針對有特殊需要的幼兒提供服務，在數量上已有實質的增加。

在 1999-2000 年間，有 593 個特教幼教班，提供了 6379 位特殊幼兒的服務。只有 37 個特教班是由私人組織或教會提供。特教幼稚園的實施會依據以下原則：

❏ 強調與家長密切的合作

❏ 彈性地開放時間

❏ 非傳統的教育方法以及提供建議

❏ 提供重度殘障幼兒的統合

❏ 與語言治療、神經學等專家合作

❏ 透過自助團體支援父母

❏ 連結、聯繫其他的特教幼稚園與特殊教育中心

在標準的（正常的）幼稚園中有越來越多的特教班成立，也有越來越多需要特殊教育與照顧的孩子融合在正常班中。捷克的基本哲學是，讓有特殊需要的孩子盡可能地留在家中由其家人照顧，因為家人的照顧是被認為是最有用的方式。捷克早期介入的目標是以各種可能的方式協助那些家庭，包括透過定期的家庭訪視以支援孩子發展上的特殊需要。

在 1993 年，預備班（preparatory classes）的系統被捷克引進採用，對象是來自社會或文化不利家庭的學齡兒童（通常為 6-7 歲），預備班的特殊幼兒延遲進入小學，為進小學作準備，該計劃成效目前仍在評估中。在小學也設有預備班以連結幼稚園到小學，並且形成兩機構間的橋樑。這種班級主要則是為了幫助嚴重身心障礙的孩子。

八、品質監督

捷克的幼兒教育與保育機構品質是由督學定期訪視來把關的。督學訪視時會依據一份檢查表（checklist）進

行評鑑，評量項目包括學校的教育方案、教學媒材的狀態、教學方案的實施情況及學校管理，評分標準由 1－7 分。評鑑之後，督學將會根據訪視結果給予機構改進的建議。

肆、課程與教學

在捷克，幼兒教育是該國人民終身學習的起點。隨著教育學的自由增加，捷克幼稚園的教學法呈現多樣化。這樣的多元化也引發了訂定國定課程的呼聲，以引領及確保各種教學形式間的品質。法令清楚地闡明遊戲和有意義的活動是教育的基本要素。

目前國定課程預定內容包含五大領域：生理、心理、人際、社會文化及環境。雖然國定課程的內容仍有爭議，但現有的共識是，國定課程需要兼具廣度及彈性，才能應用到各種學前教育型態，並能提供創新方案的發展可能。當幼稚園都能遵循一套統一的課程準則，各機構間的差異將會縮小，幼兒經驗得以銜接。

伍、議題

一、受教機會及多元文化

捷克尚待解決的問題之一為吉普賽幼兒入學率很低。因貧窮、缺乏適當的健康照顧、社會隔離及低教育成就使得75％的吉普賽孩子未在主流學校接受教育。因文化、語言上問題，教師與家長間的溝通也是學校的問題之一，

雇用吉普賽人為學校教師的協助者，以建立家校間的溝通橋樑，甚至是制訂相關政策與文化上的橋樑。因鄉村缺乏特教專業人員，也造成鄉村地區身心障礙的幼兒安置的問題。

育嬰假津貼使得家長得以親自照顧孩子直到四歲，他們一個月只送孩子至幼稚園三天，與其他孩子互動，這樣卻造成老師教學連續性及幼兒學習經驗中斷的問題。

受到政策（育嬰假津貼）及社會觀念（家庭是最佳教育場所）的影響，0-3歲接受保育的幼兒減少，托育中心面臨了關閉的危機或空間閒置的問題。但托育中心的關閉是否也反映出機構無法因應年輕家長的育兒需求？這個問題需要再加以探究，以期提供有品質的0-3歲幼兒教育與保育。

二、師資 / 工作人員

比起其他行業，幼教工作人員在薪資或社會的地位上都是較低的，再加上幼兒人數減少，目前願意加入幼教行列的學生越來越少，現有幼教師資只有10%在30歲以下，師資將走向高齡化，幾年後他們將屆齡退休，這代表捷克可能面臨師資不足的問題。為了吸引更多合格的幼教師資及工作人員，需要提高薪資及提升幼教的專業形象。而提升幼教專業形象的可能方法是由大學設置幼教師資培育計畫，比起現存的中等教育幼教師資培育，大學教育給予學生較多的時間深入了解幼教專業知識及培養專業能力，專業形象及能力使得初任教師可以與家長在平等的基

礎上溝通。持續的在職訓練能支持幼教老師因應變動的幼
教工作環境，如融合教育、與家長緊密合作、多元文化
等。

三、品質

　　幼稚園的結構品質（structural quality）是指客觀性
的變項，包括班級規模、師生比、工作人員／師資教育程
度及環境設備。捷克的幼稚園在結構品質方面呈現良好的
品質；服務品質（service quality）則與幼稚園能否符合
家庭的需求有關，包括提供足夠服務名額、園所離家近、
開放時間配合家長上下班時間、多元的教學形式供家長選
擇。近十年來的學前機構根據其當地家長需求來設計，因
此具吸引力。

　　在很多鄉村地區，學校是唯一的公立機構，更具有文
化中心功能。雖然有的幼稚園招生不足，仍傾向繼續營
運，有的藉由與公立小學簽約，以利用小學設備，這樣的
方法一方面是有效的費用控制策略，一方面也幫助幼兒順
利幼小銜接。

四、幼小銜接

　　當政府努力在拉近學前機構間的差異，存在於幼稚園
及小學之間差異卻使得幼兒在小學就讀時約有 20% 的孩
子遇到困難而延遲進小學。學前教育的國定課程可以幫助
幼稚園抵抗從小學而來的學業壓力，另一方面促使小學低
年級課程轉變為較具彈性且以幼兒為中心。

五、經費分配

由於中央財政補助以幼兒名額來分配，低出生率影響到地方政府的幼教經費的獲得。地方財政困窘，造成學前機構的關閉，使得部分鄉村地區家庭需要到很遠的幼稚園去就讀。因此，應透過經費補助替代方案（如：開放式學前機構、媽媽團體家庭托育中心等），而非增加學前機構的設置。

六、性別議題

育嬰假津貼使得家長能照顧幼兒直到四歲，但傳統上育兒工作多由女性擔任，這個津貼制度在傳統觀念的影響之下，相對地剝奪了年輕婦女的就業機會。此外，育嬰假津貼造福了低收入家庭或是不需要婦女外出工作的家庭，對於單親媽媽家庭或是父親收入欠佳的家庭卻是幫助不大。四年的育嬰假對於婦女的再就業也是一大阻礙。因此，提供有品質的幼兒教育與保育服務，可給予婦女在四年育嬰假之外另一種育兒選擇，也可促進兩性平權。

陸、結論

在短時間內政治、社會、經濟迅速地轉變，捷克政府受限於經費預算，對於終生學習第一階段的學前教育仍是投注許多心力。捷克尊重幼兒的權利、需要與發展，可反映在以下方面：彈性的開放時間與教學形式；與父母間開放的合作關係；混齡教育與其他新的教育方法之實驗；特殊幼兒的融合教育。

　　從捷克育嬰假津貼的實施，我們清楚發現政策對於幼教生態所造成的影響，更看出傳統觀念對於政策實施所可能產生的負面效果（影響婦女就業機會）。而捷克托育中心的紛紛關閉，除了能歸因於政策及低出生率因素外，是否因爲該類機構無法符合現今家長育兒需求，也是我們在探討某些機構存在或消失時，需仔細思考、衡量的向度。

歐美澳各國幼兒教育與保育之行政與政策

Chapter 9　葡萄牙

壹、生態與環境背景

一、 人口背景

　　葡萄牙總人口約 1,000 萬人。與歐洲其他國家一樣，低出生率及壽命的延長使得該國社會呈現人口老化現象。從 1960~1990 年，女性平均壽命增加了 11 年；男性則增加了 10 年。

　　目前 65 歲以上人口佔 15%，到了 2025 年預計將有四分之一以上的人口超過 80 歲。由於年輕人都到沿海地區找工作，因此人口老化的現象在鄉村地區尤為嚴重。鄉村的人口老化問題，意味著在鄉村成長的幼兒與其他年輕人的互動機會減少。

　　根據 1996 年統計，五歲以下幼兒有 555,000 人，占總人口的 6.7%。葡萄牙嬰兒出生率雖低，但已從衰退的現象趨轉為持續增長（從 1993 年的 11.1% 降至 1995 年的

10.81%，到了 1996 年又回升到 11.1%）。另外，嬰兒死亡率也有下降的現象（從 1993 年的 9% 降到 1997 年的 6%）。該國婦女生育率比起歐洲其他國家，排名位居中間。葡國每位婦女平均生育數（children per women）為 1.5，低於愛爾蘭的 1.8；高於德國的 1.3、義大利的 1.2、西班牙的 1.2 及希臘的 1.4。

此外，葡國的人口出生率有地區性的差異，因此在不同的地區有不同的政策因應不同的人口問題，而教育政策則是因應當地的問題而擬定，例如：在許多人口外移的地區，中小學教室就可規劃挪用學前教育之活動設施。各地不同的需求使得訂定全國通行的幼教政策變得很困難。

儘管曾經擁有多數殖民地，葡萄牙並不被視為一個多民族、多語言的國家。1974 年之後，有來自前非洲殖民地的大量移民，也成為葡萄牙人口的一部分。境內有 99% 以上人口說葡萄牙語，95% 以上為基督徒。在 12 世紀時，葡萄牙就已經是一個疆域穩定的獨立國家，這使得國民擁有強烈的國家意識，過去移居國外、在外國生子的現象也有降低的趨勢，這些曾經僑居國外的人民仍視自己為葡萄牙人。近十年來，移居外國（如：法、德）的情況已有改善，但在國內遷移至都市的情況仍普遍。1980 年代中期之後，許多移居國外者紛紛回國，他們帶回了一種觀念，也就是自由民主國家需要支持幼兒及家庭，這樣的概念影響了葡萄牙往後所應負擔的社會責任。

二、社會背景

葡萄牙的地理位置西面大西洋，東鄰西班牙，與歐陸互動少。曾經擔任推動世界歷史重要角色，該國首長認為透過教育可幫助葡萄牙重新成為推動世界進步的主角，而學前教育是實現葡萄牙強烈企圖之利器。

在政治上，葡萄牙被分為18個行政區，包含了由4000個以上教區所組成的275個城鎮。每個行政區的政府都包括了健康、教育與財政。政府在政策上傾向中央集權，但經過全民公決的過程顯示出，人們希望在地方層級有更多的自主性。漸漸地，決策的權力被下放到地方層級。

因為葡萄牙的人口多往都市地區遷移，造成葡萄牙的城鎮有逐漸都市化的現象，不過比起其他歐洲國家，葡萄牙仍是以農業地區為多數，與其他歐國都市化城市的成長比率漸緩的現象相比，葡萄牙都市化成長確實大於其他國，至1997年葡萄牙已有37％的都市化人口。都市化帶來了社會隔離、青少年犯罪、轉變的價值觀，並造成城市中的社會經濟壓力。

葡萄牙都市化的現象也影響到幼兒教育與保育的發展。因為婦女有更多就業機會，孩子無人照顧，使得社會需提供更多的資源以因應此種狀況。相對的，鄉村地區因為人口外移，更須使用不同方法改善當地幼兒的受教情形，如:利用交通工具送幼兒到遠一點的幼兒中心就學，或是設立更小型的幼兒教育與保育機構等。

社會政治的轉變大大地影響了學前教育，而普及的教育是為了掃除文盲，特別是針對老年族群及婦女。幼兒教育被視為促進社會化、整合社會文化團體、培育多元文化觀及增進幼兒對於身為社會重要成員之知覺。

在兩性平權方面，女性的權益受到 1976 年憲法的保障。 1997 年，大學畢業生當中， 30 歲以下的女性佔了 59.7％。然而，如同其他國家的情形，與女性具有類似資格的男性往往獲得較高的薪資，並較易獲得晉升。在葡萄牙的社會中，婦女仍被視為養育子女的主要責任歸屬者，特別是年幼的孩子。這樣的社會觀念可能因此造成服務 0-3 歲幼兒的幼教機構數量不多。

三、經濟背景

葡萄牙的經濟狀況雖不甚良善，據統計，有 24% 的葡萄牙孩子生活在貧窮中。儘管如此，政府仍規劃將 11% 的稅收用於教育之範疇，在歐洲僅有芬蘭、愛爾蘭及荷蘭具有相同比例的教育投資，這正反映出葡萄牙期望藉由教育以達到發展與進步。

表 9-1 顯示，整體女性就業率為 43.6％，但 25-44 歲的婦女就業率約 79％，這個年齡層的婦女正值建立自己的家庭及生育子女的時候。不同於其他國家的是，這些育有子女的婦女傾向擔任全職工作，在 1993 年時，有 63％育有子女的婦女每週工作 20 小時以上，此比例居歐盟之冠。這樣的情形造成兩種結果：一為幼兒教育與保育機構開放時間的延長，以符合全職工作家長的上下班時間；二

是女性的經濟及社會地位提高,同時,她們也需面臨著平衡來自工作及家庭的壓力。

表 9-1　1998 年葡萄牙各年齡層男女的就業比率

年齡層	男性就業率（%）	女性就業率（%）
15~24	50.7	44.5
25~34	92.9	80.5
35~44	95.3	77.3
45~54	91.0	65.8
55 及以上	42.5	23.3
總 合	57.0	43.6

貳、幼兒教育與保育發展源流

十九世紀末許多幼稚園採用福祿貝爾的精神創立幼稚園,另一種以 4-7 歲幼兒為對象的私立幼稚園也成立。二十世紀初,一些社會慈善機構提供家庭及幼兒的社會支援,這其中經歷了葡萄牙的君主政治。

1910 年君主政治瓦解,學前教育首次被納入國家教育系統之內。到了 1919 年,學前教育已是小學教育的一環,但是場地空間限制,所以僅招收 4~7 歲幼兒。即使如此,當時也只有 1% 的孩子就讀學前教育。

1937 年,因為學前機構內的幼兒人數不足,且母親多在家中照顧幼兒,於是學前教育不再屬於教育體系了。

1970年，幼教呈現兩種發展：一是慈善性質，由社會支援系統運作；一為受教育督導（Inspectorate for Education）之私立營利機構。健康援助局（Ministry of Health and Assistance）也為工作父母提供子女保育服務，或是在家庭急難時提供短暫的支援幫助。 1960年，家庭保育（family créche）計劃提供家庭保育的服務以造福育有幼子的雙薪家庭。

1973年，學前教育重新納入國家教育系統，隸屬教育部管轄。 1978年教育部開始設立公立學前教育機構，在1978~1988年間，公立學前教育機構增加20倍，而私立機構僅增加1/5。然而當時多著重在增加公、私立機構之數量，直到1990年代才注意到教育品質的提升。

1996年，由教育部、勞工團結部及設備規劃與土地管理部（Ministry of Equipment, Plannning and Land Administration）協同領導的「學前教育拓展方案」（Programme for the Expansion and Development of Preschool Education），負責公私立幼托機構之整合以及推展。同年，「學前教育拓展局」（Bureau for the Expansion and Development of Preschool Education）接管所有學前教育機構。

1997年「體制法」（Framework Law）強調幼兒之教育性發展，協調各種幼兒相關措施，並開始將3~6歲定義為「基礎教育」（Basic Education），也就是納入義務教育體系。

參、幼兒教育與保育組織、政策及法規

一、幼兒教育與保育現況

葡萄牙在 1990 年是支持聯合國「兒童權利宣言」的國家之一。該國與幼兒有關的立法原則包括無歧視；尊重及保護孩子的利益；生命、生存及發展的權利；尊重孩子的意見等。

葡萄牙義務教育起始年齡為六歲，其義務教育系統包括：學前教育（3~6 歲）、第一階段（4 年）、第二階段（2 年）及第三階段（3 年）。不同於其他歐洲國家，0 至 3 歲之幼兒則不列入葡萄牙學前教育範圍之內。90％的 3 歲以下幼兒由家庭成員照顧或接受非正式保育方式。3-6 歲幼兒的入學率則分別為：3-4 歲有 60％，4-5 歲有 75％，5-6 歲有 90％。

在師生比方面，幼稚園的師生比為 1:15，托兒所師生比則從 1:8-1:15，依年齡調整。

二、主管機構

葡萄牙 3-6 歲幼兒教育與保育機構由以下兩部會共同管理，另外，葡萄牙注重權力下放的功能，所以儘管政策規定是由中央層級負責規劃，在兩部會之下仍設立地方性的組織。

（一）中央層級

1. 教育部（The Ministry of Education）

屬於中央層級部門，其職權為：視需求量來設立公立

幼稚園；私立機構之協助；訂定學前教育之標準，諸如：組織、開放時間、教學、評鑑、監督等。

在地方層級由「地方教育局」（Regional Office of Education，DRE）整合各地區教育資源，包括教育設施、管理、人文、教材、財政等等。

2. 勞工團結部（The Ministry of Labour and Solidarity）

為中央層級的社會部門，負責項目包括：透過社會教育活動確保家庭支援；藉由「體制法」（Framework Law）以確保學前教育目標，並結合家庭；膳食提供；整合家庭服務措施；有關家庭支援合格人員之招募與在職訓練。勞工團結部同時也負責 0-3 歲幼教托育機構的管理；

3. 地方性社會安全中心（Regional Social Security Centres，簡稱CRSS）

其職權為整合各地社會安全之資源，包括家庭、社會層面教育、人力資源、財政措施、交通、餐點、課程等。並給予社會團結組織技術及財政上的支援。

（二）地方政府

地方政府負責 0-6 歲的幼兒教育與保育機構之建築及消耗品管理與研發。

三、幼兒教育與保育機構

雖然葡萄牙的學前教育系統指的是服務 3-6 歲幼兒之幼兒教育與保育機構，以下將為讀者針對 0-6 歲所有幼兒教育與保育形式進行介紹。

表9-2 葡萄牙幼兒教育與保育機構及管理部門一覽表

管理類別	幼兒年齡	公立			私立			
管理層級		中央		地方	勞工團結部	教育部		私立機構
管理部門		教育部	勞工	自治團結部	社會團地區	非營利結組織	合作性	私立機構協會
機構類別								
托兒所至3歲	3個月		*	*	*	*	*	*
幼稚園內托兒所	3個月至3歲			*	*			
保母	3個月至3歲			*				
小型托兒所	3個月至3歲				*			
家庭式托兒所	3個月至3歲			*	*			
幼稚園	3-6歲	*	*	*	*	*	*	*
巡迴式機構	3-6歲	*					*	
幼兒社區中心	3-6歲	*					*	
ATL（課後托育）	6-12歲		*	*	*	*	*	*

茲將表9-2中列出的幼兒教育與保育機構依招收幼兒年齡分組說明如下：

（一）0-3歲之幼兒教育與保育機構

因為葡萄牙有全薪補助的產假，長達3個月，基本上，父母親都能使用，而事實上都是母親使用產假。由於這3個月的產假，使得母親能親自照顧孩子，因此，3個月大的嬰而才需要保育服務。

其正式的機構如下：

1.褓姆：照顧一位以上的幼兒，時間可配合家長上下班時間。

2.托兒所

服務時間為一周5天，一天4~11小時。師資來源為學前教育的合格師資，助理則沒有正式資格。師生比例依幼兒年齡而有不同。

表9-3　葡萄牙托兒所師生比一覽表

幼兒年齡	孩子：老師：助理
3月大～學步期	8：1：1
學步期～2歲	10：1：1
2歲～3歲	15：1：1

3.家庭式托兒所

由12~20位褓姆組成，以自己的家為照顧幼兒的場所，通常每位褓姆照顧的幼兒人數少於4人。由「地方社

會安全中心」管理、訓練、財政支持。

4.小型托兒所

　提供類似家庭環境的小型保育機構。

5.幼稚園內托兒所

　與幼稚園共用教育設施，不同的是，其招收幼兒的年齡從 3 個月大至三歲。

（二）3～6 歲幼兒教育與保育機構

1.幼稚園

　幼稚園是招收 3～6 歲幼兒之公私立機構。受教育部及勞工團結部共同管轄。私立機構多偏向保育性質，而公立機構則較具有教育功能。各幼稚園開放時間長短不一，可視地域性及家長需求作調整，依規定每日需進行 5 小時教育性活動，且需符合教育部規定之幼稚園課程綱要。

　葡萄牙的幼稚園就學率為歐洲國家中最低的（在 1997 年為 64%）。「學前教育拓展方案」設定至 1999 年的目標：5 歲幼兒的入學率達到 90%；4 歲為 75%；3 歲為 60%。如果就學率提昇，那麼隨之而來的是教育設施空間的增加。目前葡萄牙中央政府的立場傾向增加教育性幼教機構，而政府會依照女性就業率、社會需求及當地 3-6 歲幼兒之人數來決定當地幼兒教育與保育機構之供應量。

2.巡迴式幼兒教育機構（Itinerant child education）

　依規定，至少要有 15 位幼兒才能設立一所幼稚園，

當在鄉村地區幼兒人數不足時，便會成立巡迴式幼教機構。由一位受訓過的學前教育老師依排定的日期，輪流在不同的機構進行教學。這種形式對於居住在資源較匱乏的鄉村地區的幼兒，的確帶來較多的教育機會。

3.課後托育（Socio-educational activities）

提供3~5歲課後托育，一直到父母下班。這是隸屬於社會團結組織的組織。也能提供小學生的課後托育服務。

4.兒童社區中心（Children's community centres）

針對住在人口密度高地區或是貧困區中缺乏文化教育經驗的幼兒，由教育部分派工作人員至社區，在社區內尋找暫時性的地點，以提供教育活動，直到為這些孩子成立的新校區完成。

由於都市化的刺激，針對0~3歲幼兒的幼兒教育與保育服務更顯其重要性。受到「照顧幼兒為私人家庭的責任」這樣的社會觀念影響，正式且有組織的機構並不多，且保育的性質大於教育性質。

四、師資／工作人員

合格的學前教育老師（以下簡稱為幼教老師）經過訓練並持有證照，除了能任教於幼稚園外，還可在托兒所、課後托育等社教機構中任職。各級學校老師及幼教老師都透過高等教育課程取得大學學歷。從1998、1999年開始，幼教老師須接受四年的高等教育，即表示幼教老師享有與其他教師之相等待遇。目前有6所公立大學提供學前教師的訓練課程，有27所機構（16所公立；11所私立）

則提供結合小學及學前教育的師資訓練課程。然而，0-3歲保育人員的訓練則是十分缺乏。

不論著重教育或是保育功能，所有學前教育機構皆設有教育督導一職，由合格教師擔任，以協調工作，支持專業成長。但有些機構只有一兩位老師，因此教育督導的功能形同虛設。

在公立學前教育系統中教師有三個層級。並依此分派到公家或地方機構。

1. 約聘幼教老師（pre-school teacher under contract）

約聘幼教老師的人數約有 1500 人，通常是無經驗的年輕老師。因為是短期契約的關係，他們多擔任短暫的職務。由於時間短，所以這階層的老師流動性高。

2. 地方幼教老師（district pre-school teacher）

契約時間比第一層級教師（約聘幼教老師）還長，他們被分派到某一地區，在這個區域隨時作職務的調動。目前約有 3298 位地方幼教老師。

3. 正式老師（effective teacher）：

他們擁有永久聘任的契約，並在固定機構任職。這樣的老師目前約有 4500 位。

這樣的教師分級方便行政管理者的人力調動，但前兩級的幼教老師需要在同一地區或不同地區調動，對於育有子女的幼教老師而言，這樣的系統不啻為一種歧視。

　　任職於公立機構的老師在別處有兼職的工作，而公立機構老師的薪水比私立機構老師略高一點。屬於勞工團結部之下社會團結組織系統的工作人員比起其他機構裡的幼教老師，其薪資、工作時數、訓練進修機會等都不甚理想。在過去社會團結組織系統的學前機構中，不合格的工作人員居多，為獲得政府補助，機構中每個班級需有一位合格幼教老師，目前多數機構都能達到此要求。

　　幼教老師及小學老師的退休年齡可以提早，因為他們的工作是較勞心勞力的，因此一位老師在取得資格後，可能工作 32 年，於 52 歲退休。幼教老師有較早的退休年齡及較高的流動率，對私立機構老師而言，可能是因為缺乏生涯規劃及升遷機會，公立機構的老師則可能是因為無調薪及授課時數高。

五、特殊幼兒的需求

　　特殊孩子的教育需越早施行越好，然而，近年來，葡萄牙的特殊幼兒通報率在 6-10 歲這個年齡層最高，而這樣特殊需求篩檢的延遲，造成在補救幼兒心理或發展的缺陷時更加困難，而早期介入的實施拖延得越晚，所支付的社會成本會越高。

　　對於特教資源應做有系統的整合，如：學校設備、教師訓練、醫療人員、課程等，特教孩子的學習應作持續性的規劃。

六、幼兒教育與保育相關政策

(一)「家庭津貼」(Family allowance)

　　從 1997 年開始，對於所有家庭全面提供每月補助，津貼補助見表 9-4：

表 9-4　葡萄牙家庭津貼一覽表

收入族群	有 12 個月以下嬰孩 1~2 個	有 12 個月以上嬰孩 1~2 個	有 12 個月以下嬰孩 2 個以上	有 12 個月以上嬰孩 2 個以上
層級一	14730	22100	4420	6630
層級二	11450	15400	3070	4170
層級三	7450	9690	2840	3690

（註：2003 年 2 月，1PTE 約合新台幣 0.2 元）

（二）「最低收入保障方案」（Guaranteed Minimum Income Programme）

　　1997 年，葡萄牙「社會團結組織」（Social Solidarity Institutions，簡稱 IPSS，隸屬於勞工團結部）為減低社會問題、增進社會福利，開始實施「最低收入保障方案」，參加的家庭成員須登記就業訓練，以保證進入職場的自我謀生能力，孩子享有優先進入學前教育機構就讀的權利。

（三）「身為兒童方案」（Being a Child Programme）

　　於 1995 年由勞工團結部設置。其目的在增進兒童發展，改善家長親職能力，提昇競爭力、促進家庭與社會整合、自我形象（self-image）的提昇，以及透過有系統的檢查來發現有特殊需求或身處不利的幼兒。

（四）「未成年保護委員會」（Commission for the Protection of Minors）

由司法部門官員及兒童專家所組成，在於促進幼兒權利以及保護幼兒。

（五）「家庭及未成年法庭」（Family and Minors Tribunal）

如果家庭自主權、兒童權利及政府為保護者三者之間有爭議時，「家庭及未成年法庭」為調節、制裁之機構，一般裁決多有利於家庭自主。

（六）「國家行動方案」（National Programme for Action）

1990 年頒定，功能在於所有福利法案之協調。

（七）健康政策方面包括了由合格人員定期到學校提供健康照顧；公共健康方案提供幼兒、家長及老師的健康諮詢。

七、品質監督

現存的幼托系統較為複雜且缺乏一致性，使得監督管理各機構的工作十分困難。雖然部門間已採取聯合檢視方式，但過程仍將保育及教育系統分開。此外，面對眾多的幼兒教育與保育機構，有幼教專長的督學似乎不夠。

教保育機構監督管理的另一挑戰是監督評鑑的可靠度問題。葡萄牙認為轉變需要時間，且需要尊重幼兒教育與保育機構的原有傳統，因此造成該國補助幼兒教育與保育機構，卻沒有對機構的成效進行要求及評鑑，這樣的情形更導致了前述效能低落的結果。為改善此種情形，可能的解決方案是評鑑制度及自我評鑑機制的建立。

肆、課程與教學

　　各幼稚園中的課程模式十分多樣，包括強調讀寫算能力的課程、建構式課程、高瞻遠矚課程（High Scope）等。而「學前教育課程綱要」（National Curriculum Guidelines for Pre-school Education）是各園所課程訂立之指標及其依循原則，在執行時園所仍可隨著地域的差異有變通的可能性。學前教育課程綱要只是對課程提出依循架構，仍需由受過訓練的學前教師的支持執行，以免流於制式化。

伍、議題

一、對於「兒童」及「童年」的看法

　　葡萄牙社會認為幼兒是脆弱、易受傷害的。這樣的看法一方面有助確保幼兒的健康與安全，另一方面卻使成人過度保護幼兒，而限制了幼兒自由探索及經歷適當刺激的機會。

　　另外，家庭在幼兒童年所扮演的角色具有絕對的權力，超越了政府該對幼兒所做的早期介入，造成政府在親職教育方面政策推動的遲疑。而這樣的情形尤以 0-3 歲這個年齡層為甚，因為社會觀念認為 0-3 歲幼兒最好是由母親或家庭成員照顧。但研究顯示幼兒期是性格態度及思考模式養成的重要階段，而家長需要獲得支持以提供幼兒發展所需之刺激。

目前 0-3 歲幼兒教育與保育機構不多，由勞工團結部管轄，屬於社會系統，重於保育，而教育功能不彰。對於育有 0-3 歲幼兒需工作之家長，提供有品質的幼教托育機構不但使女性得以外出工作，更能發展幼兒潛力及增進國家人力資源的養成。

「體制法」強調家長參與對學前機構的重要性。鼓勵幼教老師與工作人員主動與家長合作，形成伙伴關係。家長團體也可參與國家法律的制訂。

二、受教機會與品質

葡萄牙認為品質改善包括：學前機構教育性及社會支持性功能的平衡及強調教育性發展，而幼托品質與供應面會受到地區差異、機構性質（如：公私立、宗教性質等）等因素影響。葡萄牙多元的幼兒教育與保育機構使得家長得以依照個別需求選擇，但是在接受高品質的受教機會及受教品質良莠不齊方面就會產生問題。　因此，在各種幼兒教育與保育機構間建立一套統一及協調的系統是有必要的。

這種統一協調的幼兒教育與保育系統應包括：政策上，教育與保育的責任區分應以家庭及幼兒需求為主，而非受部門傳統職責影響；協調不同教保形式及不同年齡層幼兒的學前機構，以連結幼兒經驗，這樣的措施需同時配合師資及工作人員的訓練；鼓勵教師及工作人員以其現場實務工作經驗來創造「下而上」策略模式，以補充政府政策之不足。

　　0~3 歲孩子的教保問題是由勞工團結部（社會團結組織）負責控管，而社會團結組織在行政上所接受的資源不如教育部多，因此間接影響到 0~3 歲孩子的教保品質。目前教育部已關注這項問題，冀能透過在職訓練提昇服務於 0~3 歲孩子的人員之教保品質，以提高社會地位及薪資待遇。

三、政策法規制定及施行的一致性

　　與幼兒教育與保育相關的政策決定與執行牽涉了許多行政部門單位，也造成了政策未完全實行的問題，原因在於部門間的協調仍出現重複及缺乏效能，造成職權劃分不清而阻礙合作，政策不完整；以及部分地方政府因不能獲得適量的財政補助而反對某些政策改革。

四、師資／工作人員品質之提昇

　　由於幼教老師退休年齡可提早至 52 歲以及新任教師與資深教師少作經驗交流，使得人力資源管理效能不彰，因此建議資深教師能共同協助提昇教育人員素質的品管系統。在社會團結組織掌管之下的人員其待遇不及教育部所掌管的人員（如薪資、工作時數、在職訓練機會等），因資源分配不公，造成跨部門的合作機會減少。

陸、結論

　　在過去，葡萄牙女性就業並不少見，但照顧幼兒向來被視為女性的工作與責任，雇主並沒有知覺到女性員工的幼兒教育與保育的需求。但目前幼兒教育與保育已從女性議題轉為公眾關心的焦點之一。政府的責任在於幼托品質的提升及長期的人力資源培訓。透過跨部門的協調合作達到幼兒教育與保育機構的大幅擴展。「學前教育課程綱要」的擬定也顯示出政府體認到幼托機構品質的重要，不僅只為支持須工作的家長，更為了幼兒早期的學習及發展。

Chapter 10 美國

壹、 生態與環境背景

一、人口背景

　　美國人口密度較歐盟與 OECD 會員國都來得低；人口年成長率較多數歐洲國家高，但五歲以下之兒童成長率在逐漸下降中（1990 年有 7.6%，到 1999 年時只有 6.9%）。此外，移民潮造成其人口在語言方面、種族方面及文化方面具有多元性，在 1998 年，65% 的兒童為非西班牙裔白人，15% 為非洲裔（African-American），15% 為西班牙裔，4% 亞裔及泛太平洋裔，及 1% 的印地安及阿拉斯加原住民。在教育上，面對多元文化的挑戰！

二、社會背景

　　接受政府補助的對象多數是單親媽媽和幼兒。對於中等收入家庭而言，得不到政府的資助亦無法負擔有品質但高學費的學校，此時只好仰賴非正式且無規範的保育機構。同

時，1996 年美國通過「個人責任與工作機會配合方案」（Personal Responsibility and Work Opportunity Reconciliation Act，簡稱 PRWORA），規定接受政府補助的低收入家庭婦女必須外出工作，此時，由於經濟狀況的問題，幼兒多數被放置在非正式且無規範的保育機構內。

雖然聯邦政府規定嬰兒出生時，母親需留職停薪三個月去照顧嬰兒，但 1993 年「親職假暨病假條例」（Family and Medical Leave Act，簡稱 FMLA）的規定使得聯邦之規定失效。根據親職假暨病假條例的規定，三個月的親職假不僅不得支薪，在人數少於 50 人的公司裡，根本無法申請留職停薪的育嬰假；在人數 50 人以上的公司裡，若擬請育嬰假，得先用掉自己的休假和病假才能使用育嬰假。

除了經濟影響，教育、健康、住屋提供或稅務方面的社會政策也會影響到幼兒教育及保育的發展。例如：健康政策中的早期篩檢（early screening）成為幼教機構一個重要的服務，以篩選出特殊幼兒或是發展遲緩的幼兒。住屋政策導致家庭分佈依收入或種族來區隔，大大影響到家庭使用幼教服務的機會。

同時，社會對於幼兒及家庭存在著以下二個看法：（1）撫育及教育幼兒是私人事務，而非公眾責任；（2）身處不利情形（at risk）會影響幼兒將來的成就。所以，政府在幼兒教育方面會特別照顧該族群幼兒，並希望藉著教育消除貧窮及不利情形對於幼兒的負面影響，進而達到一個更健康更有效能的社會。

三、經濟背景

與歐洲國家相比，美國失業率算是比較低的（1997年美國失業率是 5%，歐洲平均為 11.2%，OECD 會員國則有 7.2%）。婦女加入就業市場的比率亦逐年增加，1960 年時，只有 20% 有六歲以下孩子的母親加入工作行列，到了 1996 年時，這個比率上升至三分之二。單親母親、離婚母親和全時工作的母親、青少女母親的增加，使得提供全時服務之幼教機構的需求急遽上升。

美國每人的平均年所得由 1975 年的 6,000 美元到1997 年的 21,541 美元，在工業國家中，美國收入最高，但其間的貧富差距懸殊。（2003 年 2 月，一美元可兌換新台幣 34.78 元。）

美國幼兒與其他年齡人口來比，他們是屬於身處貧困比例最高的一個族群。尤其是在過去的 25 年裡，六歲以下幼兒身處貧困環境的比例逐年增加（由 1970 年的 16.6% 升到 1997 年的 22%）。在 1997 年，約有 520 萬六歲以下的幼兒其家庭收入低於聯邦政府貧窮標準（poverty line，一家三口的總收入若低於 12,802 美元就屬於貧窮家庭），甚至有 10% 六歲以下幼兒，其家庭收入是在標準的 50% 以下。在地區方面，郊區比市區貧窮；在種族方面，六歲以下貧窮幼兒，非洲裔佔 40%，拉丁裔佔 38%，非西班牙裔白人佔 13%。

貳、 幼兒教育與保育組織、政策與法規

一、幼兒教育與保育現況

美國約有60％的六歲以下幼兒既未入公立幼稚園，也未入私立幼稚園，這些幼兒有的由母親在家自己照顧，有的請親戚帶，也有的是送到居家保母處。根據1996年的資料顯示，一歲以下的幼兒有二分之一左右是由親戚照顧的，居家照顧的佔百分之二十二；送到托育中心的佔百分之九。二歲幼兒送到托育中心的佔百分之十九；三歲佔百分之四十一，數據顯示出當幼兒達到三歲以後，父母喜歡的照顧形式就有所轉變了。

關於師生比方面，各州之規定寬嚴不一，表10-1所述係以俄亥俄州的規定供讀者參考。

根據美國「幼兒教育協會」（NAEYC）的建議，每個班級最好同時有兩位老師，嬰兒所在之團體的師生比例最高應不超過1：4，二至三歲幼兒團體比例最高不應超過1：7，四至五歲幼兒團體師生比例不應超過1：10。若根據該協會之標準來看，目前俄亥俄州的團體規模似乎稍大。事實上極少州能符合前述之標準，更有22州是完全沒有師生比例的規定。

表10-1　美國俄亥俄州幼教中心師生比例一覽表

幼兒年齡	師生比／成人與幼兒比
嬰兒	1：5或2：12
12-18個月幼兒	1：6

（續）

幼兒年齡	師生比／成人與幼兒比
18-30 個月幼兒	1：7
30-36 個月幼兒	1：8
4-5 歲	1：12 及 1：14
學齡兒童	1：18 及 1：20
混齡團體	以團體中最小幼兒的年齡來計算比例

二、幼兒教育與保育機構

欲瞭解美國的幼兒教育與保育系統，首先要明白該國因為憲法未賦予聯邦政府管轄教育的權利，因此，沒有一個全國性的幼兒教育與保育的政策架構，各州內也未建立一個一致性的標準。簡言之，美國之幼兒教育與保育是「沒有系統」可言。綜觀而言，現在有三個獨立並列的次系統在運作著，分別是：一、Head Start 系統：對象是貧窮幼兒；二、市場導向，購買服務性質的系統，亦即私立系統，對象為零歲到義務教育前，接受幼教機構和家庭服務的幼兒；三、公立學校系統，對象為五歲的幼兒。

（一）Head Start

1. 歷史：1965 年由聯邦政府創始，至今已有 37 年的歷史了。1994 年又設了 Early Head Start：這個計畫是專門針對低收入懷孕婦女及育有一歲和二歲幼兒的低收入家庭。重點在於家庭、幼兒、社區及工作人員的發展。

2. 主管機關：美國健康與人力服務部門（U.S. Department of Health and Human Service, 簡稱 DHHS）

3. 目的：對抗貧窮，是個強調以社區為本位的幼教方案。給予貧窮家庭及其幼兒綜合性的服務，其中包括教育、健康與支持性的服務。父母的參與也是這個系統的目標之一。

4. 預算：每年穩定地成長，1999年有47億美元，2000年有52.7億美元的預算。

5. 入學資格：家庭收入低於聯邦規定之最低標準（以一家四口為單位，年收入為17,050美元以下者）。

6. 工作人員：包括老師、社工人員、家庭訪問員和健康協調者。Head Start並不要求其工作人員具備傳統的教育方面或社工方面的文憑。在1971年他們自己發展了一套全國性的基本能力測驗，最近美國國會規定至2003年，百分之五十的Head Start的工作人員之學歷需達到二專或大學程度以上；在Head Start機構工作的老師，至2006年一定要有二專或大學程度。許多在Head Start和私立系統裡的主教老師，當年都是進入Head Start擔任助教以後，再進行在職進修，取得二專或大學學歷，然後才升任主教老師。

7. 雖然Head Start服務對象包含了3-4歲幼兒，但入學就讀多半為四歲幼兒，且上學時間為半日班，也不是全年提供幼教服務。此外，其品質由專家監督，所依據的標準較一般托育中心高。由此可知，Head Start的實施有對象及年齡上的限制，不若一般歐洲國家廣泛地提供幼兒2-3年的就學機會。另一問題在於幼教

機構不提供服務的時段，父母該如何處理幼兒托育問題？ Head Start 與其他幼教機構合作以提供全年全日的幼教服務，也許可解決收托時段上的問題。

（二）私立系統

私立系統中有三分之二為非營利機構，三分之一為營利機構。營利性機構規模差距很大，大到連鎖式的，小到自己家中帶二三個幼兒的，其形式大致分為四種：

1. 全日托兒中心：有的只收一、二歲幼兒；有的收一歲到五歲幼兒；有的只收三到五歲幼兒；也有的收托學齡學童

2. 部分時間的托兒所

3. 居家保母：規模有二類，第一類是由一位保母照顧二至四位幼兒；另一類為二位保母照顧十二位幼兒。

4. 安親班

各州對於工作人員資格的要求規定不一，有的州低到沒有任何要求（如：密西根州）或只要求修二門課即可，有的只要高中文憑（如：俄亥俄州），有的要求學士或碩士文憑。

該國國民生產毛額（GDP）為 33965 美元，1998 年的調查顯示，私立機構裡之工作人員年薪約 13,000 美元（約新台幣 452,140 元），相較之下薪資待遇相當地低。再以 1995 年針對科羅拉多州幼教工作人員的調查為例，教學助理時薪是 5.66 美元（約新台幣 197 元），主教老

師時薪為 7.27 美元（約新台幣 253 元），而一位小學老師則是 17.03 美元（約新台幣 592 元），獄卒也有 13.73 美元（約新台幣 478 元）。除了薪資低之外，一些福利（如：保險）也沒有，因此工作人員流動率高。

私立系統中品質良莠不齊，有些營利性機構品質不佳，非營利機構之工作人員雖較投入，但其硬體設備及工作人員素質較差。其課程型態則是多元多樣。

(三) 公立系統

可分為兩種：一為幼稚園（Kindergarten），服務 5－6 歲幼兒；另一種為幼稚園前一年（Pre-Kindergarten），主要服務 4 歲幼兒。主管單位是州政府。幾乎所有達到入幼稚園年齡（各州規定不同）的幼兒都可進入公立學校就讀，但家長也有選擇就讀私立學校的權利。近年來，幼稚園前一年方案（Pre-Kindergarten，以下簡稱 Pre-K）的成長速度相當顯著，Pre-K 的定義很廣泛，每州有不同的目標、行政架構、經費、合格標準以及對幼兒與家庭服務的範圍。Pre-K 和 Head Start 相同的地方是兩者都以幼稚園前一、二年的幼兒為主要對象，目標放在未來可能處於學習有困難的幼兒；每週到園二天以上。兩者不同的地方是 Head Start 提供較全面性的服務，對象不僅是幼兒，還包括家長和家庭各方面的服務，而 Pre-K 的服務對象僅針對幼兒而已。

在工作人員的資格方面，若欲擔任公立學校教職，一定要有州頒的教師證，這個證書基本要求要有學士學歷。

在有些州，無教師證者雖仍可在公立學校擔任幼教老師，但是其薪水較有教師證的老師低。教學助理不需具有資格，也無相關訓練來幫助他們專業成長。

公立系統仰賴州政府的投入。開放的時間多數為部分時段（有時分為上午班和下午班）。某些提供「課前課後班」（wrap-around）的服務（提供課前及課後的托育班），造成幼兒留在學校的時間高達 12 小時。在課程方面，公立系統多著重讀寫（literacy）或算數（numeracy），不過也有部分老師在課程中加入方案式課程。

綜觀公立、私立及 Head Start 三大系統雖各具特色，多樣性的幼教機構可供家長依照其特殊需求來選擇，但對於幼兒而言，他們的一天可能要在不同的幼教機構中度過，對於家長的經濟負擔可能也不小。此外，各種機構的品質不一，無法提供所有幼兒相同品質的照顧及教育。

三、經費

美國乃由 50 個州所組成的聯邦國家，美國憲法（Constitution）為法治最高依據。而各州各有州憲法及州政府，負責管轄州內的各級地方政府。因此，在經費補助方面，分為聯邦及州政府兩個層級：

（一）聯邦補助

聯邦補助教保經費主要是以三至五歲低收入或是有特殊需求之幼兒為對象，負責的單位有二：一是健康與人力服務部門（DHHS）；一是教育部（Department of Education，以下簡稱 DOE）。

由健康與人力服務部門負責的補助包括：

1. Head Start 及 Early Head Start 方案（前者對象為低收入戶中三至五歲的幼兒，後者為低收入家庭中剛出生至三歲前之幼兒。）

2. 幼兒托育與發展基金（Child Care and Development Fund，簡稱CCDF），提供幼兒托育所需之花費，對象為雙親總收入低於各州規定之最低收入之百分之八十五者。）

3. 補助州政府的經費

4. 其他項目（譬如：食物補助方案等）

由教育部負責的經費包括：

1. Title I 方案（主要是補助給學校，以經濟不利兒童比例數來分配。）

2. Even Start 方案（經費以增進家庭的文學能力為補助目標）

3. 其他特教方案

（二） 州政府補助

過去十年裡，州政府大幅提昇了其在幼兒教育與托育的介入角色，但各州補助的項目與優先順序有很大的差異性。此外，部分州傾向給予合格認證的機構較高額的補助，此種作法一方面可以鼓勵幼教與保育機構朝高品質努力，但對於有心合格化卻苦無財力的機構可能造成反效果。

除了政府補助之外，私人基金會或慈善團體會募款來幫助創新的教學法及鼓勵研究。這股民間的力量支持著一些地區性的創新方案，例如：俄亥俄州的坎頓慈善姊妹基金會（the Sisters of Charity Foundation of Canton）在兩年內募集了二百萬美元，用來資助幼教機構以提高品質、支持特殊幼教機構、設立資源中心供幼教老師在職進修及贊助推動改革者。

1999 年資料顯示，一個家庭一年平均花在一位幼兒上的照顧費用約四千美元（約新台幣 135,600 元）。貧窮家庭的幼兒看顧費用佔其年收入的百分之十八；一般家庭之花費則佔其總收入的百分之七。家庭花在幼兒托育的費用遠高於在教育上的投資（幾乎是百分之六十與百分之二十三的比例），其主要原因是，政府在幼兒教育方面的投資遠多於幼兒托育方面的投資。

四、幼教法規

美國幼教型態差異大，若由聯邦政府直接經營，將形成「產業過大」，控管不易；或完全交由市場機制來決定亦不理想，因此美國採取由政府訂定出規範來監督幼教服務品質，近百年來，美國幼教服務多數為地方政府發照的私立機構。

（一）公立系統

受聯邦政府資助的幼教方案，則需遵守聯邦補助所訂的要求。公立幼稚園因為需接受公家機關監督，故不需執照即可招生。

（二）私立系統

　　各州可自訂其合格幼教機構類型及標準。有的州則選擇採行專業幼教協會所提出的更高的品質標準，以下列出數個領域中具影響力及指標性的幼教協會：

❑ 在幼教中心的認證方面，幼兒教育協會（The Education of Young Children,簡稱 NAEYC）是權威。

❑ 在營利性幼教機構方面，全國幼兒保育協會（The National Child Care Association, 簡稱 NCCA）具有影響力。

❑ 在家庭的幼兒照顧方面，家庭幼兒保育協會（The Association for Family Child Care, 簡稱 NAFCC）制訂了相關標準。

❑ 全國學齡兒童保育聯盟（The National School-Age Care Alliance）則著重在招收學齡兒童的機構方面。

❑ 全國幼教資源及轉介機構協會（The National Association of Child Care Resource and Referral Agencies, 簡稱 NACCRA）建立各地區的幼教服務機構資料庫，形成幼教網路，提供家長相關資訊（如：上課時間、師生比例等），但不做品質好壞的評估，以避免被營利型機構告毀謗。全美約有 600 家此類協會。

　　由此看來，品質提升不一定只能單靠政府監督，民間的力量不可忽視。

（三）Head Start

實施 Head Start 的幼教機構需遵守「方案表現標準」（Program performance standards）及各州及地方的合格標準，以確保幼兒的健康和安全。同時，透過年度報告及每三年一次的到園訪視來控管品質，未達「方案表現標準」的機構將會失去聯邦所提供的資助。

五、師資

在教師資格方面，美國聯邦和州政府對於教師與工作人員之資格以及取得資格之程序等均無基本的規定，倒是前面提及的三個系統（Head Start、私立、公立系統）對於工作人員各有其基本要求（已在介紹三個幼教系統部分談過，請參見第 216 ～ 219 頁）。美國勞工局（U.S Bureau of Labor）認定兩種角色：

1. 保育員：指協助幼兒穿著、洗澡、飲食和視導遊戲活動者。

2. 老師：負責教學工作。

六、政策走向

目前美國幼兒教育與保育的主要政策有三：

（一）擴大供應面

市場上需求面的增加有三個主要因素：第一，婦女加入就業市場的比率大幅提昇，1960 年時家中有六歲以下孩子的婦女只有五分之一在工作，至 1996 年時，這個比例成長了三倍；第二，1989 年美國教育目標小組

（National Education Goals Panel）提出一個目標，即至西元
2000 年，美國所有小孩都要做好上學學習的準備，這使
得幼兒教育需求面增加；第三，1996 年頒訂「個人責任
與工作機會配合方案」（PRWORA），低收入婦女在申請
政府補助的兩年裡，必須工作。1980 和 1990 年代，許多
研究證實幼兒教育對於幼兒未來學習與成人時的生產力具
有正面性的效益；加上近年來有關大腦的研究，發現出生
後的前三年對於終生發展的重要性，使得政策面上更關心
供應面的品質問題。在實際狀況上來看，供應面的質與量
都不符合需求面上的期許。

（二）品質的提升

　　非正式或無照的托兒機構不斷增加，工作人員流動率
高，欠缺專業訓練之工作人員充斥，欠缺全國通用的證照
系統，再再地影響著幼教與托育工作的品質，因此州政府
對於幼兒教育與托育品質的提升成為近年來的主要政策之
一。

（三）優先提供低收入和特殊需求之幼兒及家庭的需求

　　幾乎全美各州都提供了五歲幼兒入幼稚園就讀的投
資，其中有十一州和哥倫比亞特區更是硬性規定五歲幼兒
一定要入幼稚園。至於五歲以下幼兒方面，則以低收入和
社經地位、心理、生理不利的幼兒與家庭為優先提供服務
的對象。Head Start 就是一個最廣為人知專門照顧貧窮
幼兒與家庭的聯邦政策。

參、 課程與教學

　　每個方案間的哲學思想和內容有很大的差異性，學界承認的至少有 15 種課程模式。整體而言，美國沒有國定或是州定的課程版本。每個方案內容對幼兒教保活動反映出不同的歷史文化傳統和哲學關懷。有的方案是以幼兒未來學校學習作準備為目標，這種方案強調讀寫算能力的培養；有的方案是以發展心理學為基礎的「幼兒適性發展」（Developmentally Appropriate Practice）之概念為核心來設計方案的內容。

　　以公立的 Head Start 方案為例，其方案目標及課程深受「方案表現標準」（Program performance standards）及「表現評量」（Performance measures）及「幼兒適性發展」（Developmentally Appropriate Practice）的影響，訂定出下列五大目標：

1. 促進幼兒健康與發展

2. 加強教育家長成為幼兒的主要養育者

3. 提供富教育性、增進健康和營養的幼教服務

4. 連結幼兒、家庭及社區服務

5. 確保家長可參與決策過程

　　課程內容包含了以下領域：身體健康、認知發展、社會情緒發展、語言發展、讀寫萌發（emergent literacy）、算數發展（numeracy development）及創造性藝術（creative arts）。

　　雖然有著共同目標與課程內容領域，各地方採用 Head Start 的幼教機構並沒有一個標準的課程模式，而是依照幼兒的發展階段與語言能力來設計課程。

　　最近由於美國學生在國際競賽上表現不佳，美國政策漸漸偏向強調讀寫算的能力培養，且要求的年齡向下降。例如：在法規上明訂要以更具體的標準（如：會認出 10 個英文字母）來評量及培養幼兒的語言/語文能力。

　　為因應各州不同的幼教需求，相關幼教方案因運而生：

1. 「聰明的開始」方案（Smart Start）

　　北卡羅來那州為美國各州中母親就業率最高之一（67%）。此法案由州政府與地方機構合作，目的在結合商業社群（business community），同時考慮家庭與幼兒在健康、托育及教育的需求，提高幼教品質，減低工作人員流動率以及提升師資。此外，透過「五星級」評鑑制度（Five-Star evaluation procedure，五星～一星級）來評比幼教機構，績優機構員工可獲得較佳的健保福利、紅利、及進修機會。但個別服務則取決於家長支出的費用，例如位於高收入地區的幼教機構可收取較高的費用，用以建設機構來達到高一星級的評比。

2. 「科羅拉多教托」方案（Educare Colorado）

　　在 1995 年的一項調查中，87% 的科羅拉多州的幼教品質被評為中下。「科羅拉多教托」方案為一個以幼兒為中心的非營利組織，結合商業、慈善、政治及社區來提供

高品質的普及性幼教系統，並囊括家長為教師或決策者。

3. 「俄亥俄州家庭與孩子優先」方案（Ohio Family and Children First）

　　是一個跨機構（結合州政府、地方政府、非營利組織、商業社群及家庭）及全州性的法案。除了州長主掌跨政府部會的內閣會議（cabinet council）之外，州內 88 個郡自願性的設置「家庭與孩子優先」委員會（Family and children first council），其目標在於：1）確保嬰兒更健康；2）增加有品質的幼兒教育及保育機構；3）改善幼教服務品質以協助家庭的穩定性。該法案在政策決定時可達到「去中央化」，更可以跟政府單位保持聯繫。

　　以上三個幼教方案的例子顯示出，美國幼教的多樣性及創新性。雖然內容不盡相同，但各法案大都以社區性／地域性為主，並結合政府和地方力量來解決幼兒教育目前的問題。

肆、 議題

一、聯邦政府及州政府在幼兒教育及保育的目標和實務方面的責任

　　聯邦政府的責任在於提出對幼兒教育與保育一般性的政策主張，協助州政府根據地方需求將政策予以落實，聯邦階層的政策多著重在低收入及特殊需求的特定族群。州政府政策焦點在於幼兒教育與保育需求上的提供，讓有需要的家庭與幼兒容易得到所需要的服務。

此外，雖然幼兒教育與保育的相關政策多以「保護幼兒」爲主，但近來也開始結合「早期介入」（early intervention）、「幼兒保育」（child care）及「支持家庭」（family support）三種目標。此三目標可爲互補，但其相關政策卻各自獨立，造成實行面的分裂及不平均。

從科羅拉多州、北卡羅來那州及俄亥俄州所實施的幼教法案來看，政府協助的意願及民間的支持都很重要。然而，有一個很重要的議題就是在政策目標與政策執行上「權力的平衡」。聯邦政府、州政府及地方政府如何更有效地互補？

目前美國存在著一個觀念，幼兒應由母親在家撫育，每個家庭被視爲經濟上自給自足的單位。除了幫助有特殊需求的家庭之外，過多的政府介入被認爲是干擾家長的權力和責任，這也解釋了美國幼教政策一直以來多著重幫助貧窮、身處不利情形或是受虐兒童。美國人雖然相信幼兒應留在家中，相反地，社會福利改革及缺乏有給薪的育嬰假，使得家長無法待在家裡照顧孩子。這與 OECD 多數會員國視幼兒爲社會共同責任的立場相異。

二、幼兒教育與保育的多樣性及其規範

美國幼教爲一個私立及公立系統的組合，各有不同特色。這樣的多元性優點在於，有互相激勵作用，家長也可以從中選擇符合自己需求的幼教機構；缺點是形成教育上的不平等。因爲各個幼教機構在工作人員素質、資源、環境上有很大差異，大多數的幼教機構學費頗高，負得起學費的家庭可享受高品質的幼教，對於經濟上或知識上較不

足的家庭，所獲得的幼教服務較差。

　　在擴展州立的 Pre-K 服務時，若所有 Pre-K 設在小學中，相對地會使得私立系統的幼兒中心失去 4-5 歲的學生來源，甚至造成倒閉；若能由學校出面與合格私立機構簽約合作 Pre-K 教育，或是提供「課前課後班」（wrap-around）及「安親班」（out-of school）服務，可讓私立幼教機構仍保有其學生來源。由此來看，擴展公立 Pre-K 並不一定會排擠私立幼教機構的利益。

　　在規範方面，雖各州或各協會的要求及規定不同，但各種規定都著重在要求幼教機構遵從其規範，卻未對他們進行技術上的協助，部分規定甚至阻礙了某些創新的教學法。因此有需要針對規定進行適度的修訂，一方面仍能確保幼兒健康及安全的基本需求，一方面學校又能有彈性進行教學的創新。

　　至於幼教經費的分配，如前所述，因為社會認為家長在幼兒養育及教育負有主要責任，使得各州政府投資在幼教上的資金不多，家長需自行負擔幼教費用，因此，幼兒能否有機會進入有品質的幼教機構就讀，端賴於其父母的經濟能力。一般非營利性機構為了生存，需花費很多時間在爭取資金補助的文件準備上，而非專業工作上，造成品質打折。另一問題則是資金該以何種形式來提升幼教品質，是直接補助家長或是支持幼教機構以提供較佳品質的幼教服務？以目前美國的家長在經濟的缺乏及幼教知識上的不足，可能以直接支助幼教機構以改善品質效果較佳。

三、提升品質、創新及研究

目前幼教機構品質差異大,雖然不乏有品質十分良好、教學用心之幼教機構,但有的機構環境及教學品質低落,令人憂心。在研究方面,近年來的焦點從探討幼兒教育對於幼兒成長與成就(outcomes)的影響,轉移到質疑不同品質的幼兒教育對於幼兒發展的影響以及家庭和學校的相互關係。幼教協會(如:NAEYC)在推動幼教相關研究及結合專業發展上扮演十分重要角色。在2000年,聯邦資金首度針對幼兒教育與保育的研究及評鑑,投入一億美元。

四、受教機會

在義務教育的年齡規定上,歐盟國家多以六歲為基準,美國則從五歲到八歲不一(有二十二州規定從五歲起,有二州則為八歲)。與其他工業化國家不同,美國的幼兒教育並非全面義務化或是普及性的,目前僅有喬治亞州及紐約州承諾要全面提供四歲幼兒的幼教服務,其餘地區有大部分的幼兒無法進入公立學校就讀。除了觀念使然,經費也可能是其中原因之一。以喬治亞洲為例,該州以樂透彩券收入來支付幼教費用。

與其他國家的情形相同,幼兒是最容易身處貧窮的族群,而美國更是在工業化國家中幼兒身處貧窮比率最高者。又如前所述,幼兒能否有機會進入有品質的幼教機構就讀,與其父母的經濟能力有關。在1996年的一項調查中顯示,低收入戶中3-5歲的幼兒僅有45%進入幼教機構就讀,而高收入戶的幼兒則有75%的就學率。這反映

出在就學機會的確存在不平等的現象，在私立系統中尤甚。而如何應用有限的資金補助真正需要的幼兒成為值得檢討的議題。

再者，文化及種族上的多元性造成另一個與受教公平性相關的問題。美國境內移民人數多，形成多元文化，為了因應不同文化的需求，每個教室中需有一位工作人員或老師會說多數幼兒所使用的語言（不一定是英語，可能是西班牙語或其他語言），但部分機構表示經費難以負擔再僱請會第二語言的工作人員，也是待解決之問題。

五、人員訓練及專業成長

美國目前逐漸體認到工作人員的在職訓練以及專業成長對於幼兒教育與保育品質的重要性。在過去的二十年內，各州在教師資格的規定中再加入了在職進修的要求。Head Start、私立及公立三個系統的工作人員資格規定差異很大，其中以公立系統的要求最高，Head start 次之，私立系統最低，而目前的困境是符合工作人員資格的人數仍不足。此外，學歷高並不代表一定比較符合資格，以四年的學士學位來講，大多四年制的大學課程規劃多傾向於符合公立學校教師資格所需的要求，因而造成老師的專長為 5-8 歲的專科教育（如：自然科學、數學等）。而提供二專學位的社區大學系統及部分私立學院則趨於六歲以下幼兒教育的精神及從幼兒發展的觀點出發。因此，在幼教工作人員及師資資格方面，學歷不應是唯一指標，其受過的訓練課程內容在審查資格時具有高度參考價值。

　　另一個問題是缺乏跨系統的協同性訓練計畫，且有州與州的差異。相同的是，工作人員素質差異大，工資及工作環境不佳，及工作人員流動率高。

伍、結論

　　美國因幅員廣大，各州民情及需求不一，難以制訂在各州使用皆適宜的標準，義務教育的起始年齡也不同。其國內存在的幼教服務機構及型態呈現多樣性，進修及研究也由各幼教協會領頭帶動，但幼教服務品質及工作人員素質差異很大，幼兒的受教品質仍缺乏保障。雖然美國的幼教缺乏系統可言，各州的公私立機構不同的合作模式（參見本章中所提及的三個幼教方案）卻值得參考。

　　幼兒教育深受社會對幼兒及家庭責任的觀念影響，進入幼教機構的幼兒並不普及，四歲以下的幼兒教育也非義務化。在推動及提升幼教品質方面，除了相關幼教協會具有重要角色，部分州政府也開始提出改善幼教品質的法案。

Chapter *11* 澳洲

壹、生態與環境背景

一、人口背景

澳洲為全球面積第六大國，澳洲由六個省及兩個自治區領地組成。截至2000年，澳洲總人口估計為一千九百萬人，近幾年人口持續成長，大約每年成長1％，全國平均人口密度為每平方公里2人。在人口結構上，澳洲社會逐漸老化，在1901年，15歲以下人口佔37％，65歲以上人口僅佔4％，到了1998年，15歲以下佔21％，65歲以上人口卻上升至12％。1948-1961年的嬰兒潮，每位婦女的生育率高達3.6個孩子，到了1998年生育率則降低至1.74個孩子。

鄉村地區經歷快速的人口外移，1911年，鄉村人口佔了總人口的43％；現今，只剩14％的鄉村人口。通常此類地區依賴私人運輸，而往來於地區間的公共運輸也有限。雖

然有免費校車送孩子們去學校，但路途非常遙遠，對於鄉村及偏遠地區的家庭提供幼兒教育與保育服務是一大難題。

1997 年至 1998 年，移民數增加了 22％。澳洲人口中，有 390 萬人出生於海外 200 個國家，更有 380 萬人的父母之一為外國人。 1996 年，澳洲原住民約佔總人口的 2％。原住民比非原住民更是適應鄉村生活，他們比起其他澳洲人更不可能參加全時（full-time）的幼兒教育與保育服務或學前教育，同時在健康及營養方面條件很差，這也會影響到孩子的學習。

澳洲在二次大戰前，人口以英裔及德國裔為主，但在二次大戰後，來自歐洲希臘、義大利、南斯拉夫、土耳其等地，甚至亞洲的移民（尤以越南占大多數）都陸續加入。澳洲的多元性是由原住民文化、早期的歐洲移民，以及從世界各地相繼而來的移民潮所滋養融合而成。這影響到澳洲課程走向，幼教機構中實施多元文化及反歧視的課程。

二、社會背景

澳洲政府採聯邦制，行政層級上可分為聯邦、省和領地政府。澳洲的聯邦政府以總理為首，省政府則以省長為首。幼兒教育的政策與規範也依各個省和領地政府而有不同。

在過去 20 年，澳洲家庭大小有所改變。 1976 年，60％的家庭育有小孩，到了 1996 年， 7 百萬的家庭中只

剩50％育有子女。另一個家庭型態的轉變是單親家庭增
多，1974年，單親家庭小孩佔9.4％，到了1998年則增
加至21.5％。

　　此外，年輕人越來越晚婚，在1972年第一次結婚的
25歲女性佔83％，到了1991年只剩47％。生育年齡也
相對提高，生育子女數減少，婦女平均24歲生第一胎
者，在1971年時有67％，到了1991年只剩25％，更有
1/3小孩的母親在生產時已超過30歲。現在婦女選擇不
生孩子的比例增加，超過40歲仍沒有孩子的佔27％。

　　由於澳洲是多種族社會，各族群對於兒童的看法並不
一致。有的人認為兒童有自己的權利，另一派覺得兒童應
與家庭相關。在近幾十年來，人們的看法轉為支持家長的
工作需求及兒童是脆弱的這兩派。現在，有一派則將幼兒
視為逐漸減少的重要資源，而需要投資。

　　同時，家長參與被視為澳洲幼兒教育與保育中重要的
一環，他們認為家長參與對於幼兒的成就具有正面影響。
因此各級政府實施多種方法以提供家長其鄰近地區內的幼
兒教育與保育機構資訊，例如：免付費電話可查詢聯邦補
助的幼兒教育與保育機構；架設官方幼教網站；各種主題
的幼托小手冊。此外，在幼托相關法規中明文規定，家長
可在機構開放時間任意進入幼托機構。

三、經濟背景

　　目前挪威的就業率為63.6％，有26.9％的就業人口
是從事臨時工作。

工作情形呈現兩極化，有的工作的時數少於標準的每週35-44 小時，有的每週卻超過45 小時以上。 1998-1999 年，工作超過45 小時的人似乎超越工作35 小時的人。工作時間也具有彈性，上下班、午休等制度都可彈性調整，因此，現在很難有「標準」的工作安排。家長工作時數彈性高對於幼兒教育與保育的供應面有著很大的影響。

約70％的職業婦女擔任兼職或全職工作，佔整體就業市場的43%。 1997 年，育有4 歲以下孩子的職業婦女佔49％，她們同時肩負起工作以及煮飯、打掃和其他家事。婦女進入就業市場會受到其婚姻狀態、最小的孩子的年齡、能否找到合適的幼兒教育與保育機構及學費的影響。有伴侶的人比單親就業率高（分別為62% 及51%）。以1997 年為例，有伴侶且育有15 歲以下孩子的婦女，約有24％擔任全職工作， 34％找到兼職工作， 4％失業， 38％選擇不進入就業市場。

孩子越小，婦女就業率會越低，擔任全職工作者比例也較少。如：育有三歲以下幼兒的婦女就業率為47％，選擇全職工作僅有14％，孩子12-14 歲時，婦女就業率則為79％，全職工作者則有40％。同樣的，單親媽媽不傾向在孩子還很小的時候就業或擔任全職工作。

貳、幼兒教育與保育發展源流

1890 年代末期受福祿貝爾、裴斯塔洛齊及歐美的幼稚園運動發展的影響，安德生（Anderson, Maybanke）

在南威爾斯以及迪麗莎（De Lisa, Lillian）在南澳領導澳洲幼兒教育與保育運動。直到那時，澳洲才有收費幼稚園，大多附屬於私立女子學校，只有富有家庭的子女才有財力就讀。中產階級及貧窮的家庭則沒有什麼幼稚園可以選擇，他們的幼兒多半跟著哥哥姊姊去上學，或是成為鑰匙兒童，自己照顧自己，常在街上閒晃。

為因應上述情形，1895 年慈善幼稚園運動（philanthropic kindergarten movement）興起，而新南威爾斯同時也成立了幼稚園聯盟（Kindergarten Union）。幼稚園運動提倡將幼稚園原理引入校園中，並在貧窮郊區設置免費幼稚園。

1911 年類似的慈善幼稚園分佈於澳洲每一省。幼稚園被視為城鎮社會改革以及教育改革的工具。這項改革的驅力主要針對幼兒的教育以及社會化，並未考慮為職業婦女提供幫助。因此，多數幼稚園從早上九點開到中午十二點，並且只收三歲以上的小孩，許多支持幼稚園的人認為全日托育是不必要。

20 世紀初面對藍領階級上班婦女的困擾，展開了全日托兒所（Day Nursery）運動。全日托兒所從早上七點開到下午六點，並且願意收托嬰兒。幼稚園運動強調教育，並培育自己的師資；托兒所卻強調生理健康，工作人員為由護士。兩種如此極端的發展，象徵著保育與教育明顯的分歧，同時也反映在各種政策及對話上。

1938 年，聯邦政府開始以有限制的方式提供少數的幼兒教育保育機構，也就是在每個省的首都成立一所示範

性的幼兒教育與健康中心（demonstration child educa-
tion and health centre），又名高黎夫人幼兒中心（The
Lady Gowrie child centre），主要以下層社會的家庭為
服務對象。

第二次世界大戰後，中產階級開始對孩子的幼稚園產
生興趣，在 1940 及 1950 年代，地區性學前教育機構開
始在中產階級的地區形成，多半由單親家長經營。

1960-1970 年代，部分省政府開始幼兒教育與保育機
構的提供。如：塔司馬尼亞省將學前教育併入教育局管
轄；西澳大利亞省另設小學先修班（preprimary
program），以取代學前教育。維多利亞省和新南威爾斯
省的學前教育則由自願性機構提供。

雖然幼兒教育與保育機構廣為家長使用，但卻無法滿
足就業母親的需求。因此在 1960 年代末期到 1970 年代
初期開始推動符合就業母親需求的幼兒教育與保育服務。
女性主義對婦女就業權的訴求、工業發展需求及考量到多
數就業家長的子女缺乏照顧，使得政府開始正視幼兒保育
的提供。

1972 年，聯邦勞工及全國服務部（Commonwealth
Minister for Labor and National Service）通過兒童照
顧法案（Child Care Act），聯邦政府並開始資助「高黎
夫人幼兒中心」之外的幼兒教育與保育機構。法案著重在
提供優質的幼托機構，不但能符合幼兒發展需求，更是家
長能負擔的。初期的補助用來僱請幼教老師及護士。幾年
後，兒童照顧法案轉由家庭與社區服務局（Department

of Family and Community Service, 簡稱 FaCS) 負責。現在這個法案的主要目的在於促進人員受僱及家庭支持，而不在教育。

1970 年代之後的三十年，澳洲幼兒教育與保育經歷許多轉變，聯邦政府檢視幼兒服務政策的討論主題主要有：幼兒照顧的責任歸屬、應支持何種型式的幼兒教育與保育機構、經費由誰負擔。

1983-1990 年間由勞工黨執政的聯邦政府（以下簡稱勞工聯邦政府），將幼兒保育的供應視為社會報酬的一部份，由政府供應的福利與設施。此時開始大量提供幼兒保育機構，增加幼兒保育的預算，由於中央補助經費核撥給地方政府，在政策執行上多半得視地方政府配合與否，而直接收到中央補助款的家庭需選擇非營利性的幼兒教育與保育機構。

1980 年代末期因幼兒教育與保育機構的大量增加，人們開始注意到幼兒受教 / 受托品質，因此幼教專家、團體、家長們開始尋求類似美國幼兒教育協會（NAEYC）這樣的認證系統。

1990 年勞工聯邦政府將直接補助款的資格放寬，使用營利性幼兒教育與保育機構的家長也可獲得直接補助。政府此舉在於節省政府建設新的幼兒教育與保育機構的花費、刺激人民對於私立幼稚園的投資、以及同等補助使用私立幼托機構的家長。但這樣的作法也招致了「利用幼兒來賺錢」的批評。

1994 年品質改進與認證系統（Quality Improvement and Accreditation System）成立，監督全日托育機構。這造成了一個情形，全日托育機構若想接受補助，須取決於該機構參與的認證過程。

目前的聯邦政府將直接補助家長的款項取消，轉而補助非營利性全日托育機構及課後托育。因而造成目前澳洲幼兒教育與托育系統成為營利性機構與非營利機構的混合體。

參、幼兒教育與保育組織、政策及法規

一、幼兒教育與保育現況

在澳洲，學校教育是普遍提供給所有學齡兒童，而省政府的責任是要確保所有學齡兒童都能接受到教育。澳洲政府規定兒童年滿 6 歲時才必須入學就讀，不過有很多 3 至 5 歲兒童會先到幼稚園或學前教育中心就讀。學前中心一般招收四歲的兒童，每日分上、下午班上課。一般學前教育每次上課時間約為 2 至 3 個小時，每週上課 3 至 4 次，採自願入學。目前各年齡層幼兒的入學率如下：0-1 歲約 4%，1-4 歲約有 22%，4-6 歲則是 80.4%~96.3%（依不同省或領地有差異）。在全天日托中心中的師生比會依幼兒年齡有所調整，0-2 歲幼兒之師生比為 1:5，2-3 歲為 1:8，3-6 歲則是 1:10，這些幼兒教育與保育人員不一定需要有合格資格，但依法全天日托中心每招收 20-25 位幼兒就需要有一名合格人員。

　　目前幼兒教育與保育主要目標為：使家長能外出工作賺錢、為家長及幼兒提供短暫的休息及支持困境中的家庭。但新採用的幼稚園認證制度使得政府重視到幼兒教育與保育機構在幼兒發展、學習及社會化所提供的機會。關於語文、算數發展與增進孩子往後學習成果也漸成為幼托機構的角色之一。

　　在幼兒教育與保育機構的供應面上，要考慮到供應、需求及可負擔性三個因素。在 1991 年之前的 12 年間是聯邦補助採取需求取向，且只補助社區型非營利機構，但當時的需求量高於供應量許多，之後更通過準則將政府提供的幼兒教育與保育機構能以家長需求為導向。 1991 年之後，聯邦轉向補助選擇私立機構的家長，這種轉變刺激了私立系統的成長，反而造成供過於求的現象。 1997 年，為抑制私立機構過度成長，聯邦政府提出一個方案，限制補助金額每年最高為 7000 元，以兩年為限。法案效力過期後，聯邦政府改以提供地區性資訊給幼兒教育與保育機構投資者，例如：告知有高幼托需求量的地區、提供投資者哪些地區幼托機構已達飽和、哪些地區幼托機構仍不足等資訊。 2000 年 7 月後通過的家庭協助法（Family Assistance Legislation）使得聯邦政府在有必要時有權控制新的幼兒教育與保育機構的成立數量及地點。大部分地方政府提供學校及學前教育機構（特別是入小學前一年的學前機構）。至於對於可負擔性的討論則留待經費部分再談。

二、主管機構

幼兒教育與保育服務的提供與教育政策設定的責任是由澳洲各階層政府所共同負擔的，以下由各層級來看主管權責的分配。

（一）聯邦政府

在中央層級有兩個主管單位分別負責幼教相關業務，詳見表11-1。

表11-1　澳洲聯邦政府幼托主管一覽表

主管單位	主要責任	依據法規	備註
家庭與社區服務局（The Department of Family and Community Services，簡稱FaCS）	1.負責管轄家庭式機構（family program），及學校與學前教育機構之外的幼兒教育與保育機構 2.制訂家庭收入支持的相關政策	在2000年7月之前依據1972年的兒童照顧法案，之後則以1999年的家庭支助法案（Family Assistance Act）為法源。	聯邦保育顧問會（The Commonwealth Child Care Advisory Council）提供家庭與社區服務局局長幼托相關議題的建議。
教育、訓練及青少年事務局（Department of Education, Training and Youth Affairs，簡稱DETYA）	1.執行聯邦政策 2.負責學校單位 3.提供公立學校、非公立教育機構及非公立學校的資金		1.在原住民教育中扮演重要角色，包括原住民幼兒的學前教育。 2.負責改善學齡兒童的語文算數能力

（二）省政府、領地政府

　　省政府與領地政府負責制訂政策與提供經費給學前教育機構、學校及臨托機構。有些政府還會將補助擴及至課後托育、遊戲團體、全天日托中心及其他機構。各省、領地政府有自己的法規及經費補助分配。大致上，由表11-2可看出，省政府與領地政府對於幼兒教育與保育事務的主管職責可分為兩大類：第一類將教育與社區服務分開；第二類將所有幼兒教育與保育事務由單一單位負責，通常都歸於教育單位管轄。各省及領地的政策各有異同，並反映出各地的歷史背景及各政府的理想。

表11-2　澳洲各省、領地幼兒教育與保育主管單位一覽表

省或領地	主管單位	負責事務
澳洲首要領地（Australian Capital Territory）	教育與社區局（Department of Education and Community）	目前正針對現有的幼兒教育與保育機構擬定三年的學前教育計畫。幼兒的利益為該地區幼教服務的主要考量。
新南威爾斯（New South Wales）	社區服務局（Department of Community Service）	負責幼兒教育與保育事務的立法、經費及政策，其中不包括學校機構。新南威爾斯的幼教以幼兒為中心，並以聯合國的兒童權利宣言為參考。
新南威爾斯	教育與訓練局（Department of Education and Training）	負責學校機構及小學附設的學前班。
北方領地（Northern Territory）	領地健康服務（Territory Health Services）	負責所有幼兒時期的健康與照顧，並提供家庭支持。

（續）

省或領地	主管單位	負責事務
	教育局 （Department of Education）	負責學校及學前教育機構。目前教育局與領地健康服務，正合作發展「整體管理」（whole of government）方式來發展及執行幼教政策。
昆士蘭 （Queensland）	昆士蘭家庭、青少年及社區照顧 （Family, Youth and Community Care Queensland）	負責幼兒教育與保育事務的立法、經費及政策，其中不包括學校機構。
	昆士蘭教育 （Education Queensland）	負責學校及學前教育機構。
南澳大利亞 （South Australia）	教育、訓練與就業局 （Department of Education, Training and Employment）	整合所有幼教與學校系統，強調幼兒時期的重要性，訂有從 0 歲起的課程準則。
塔司馬尼亞 （Tasmania）	教育局 （Department of Education）	負責所有幼兒教育與保育機構。最近有一個連結幼兒教育與保育機構與小學的措施，以滿足更廣泛的教育性、保育及福利需求，改善對家庭的支持。
維多利亞 （Victoria）	人民服務局 （Department of Human Services）	負責除了學校以外的所有幼兒教育與保育機構，包括學前教育機構。
	維多利亞教育、就業與訓練局 （Victorian Department of Education, Employment and Training）	負責學校部分的各項事務。最近的政策改變使得學校得以設立學前班，但經費及規範仍由人民服務局負責。

（續）

省或領地	主管單位	負責事務
西澳大利亞 (Western Australia)	西澳教育局 (Education Departmentof Western Australia)	提供一個普及且免費的幼稚園與小學 先修班 (pre-primary) 教育系統。幼 兒在進入小學一年級前,可先就讀一 年的部分時段班及一年的全時班。
	家庭與兒童服務 (Family and Children's Services)	負責學校及學前班之外的各項幼兒教 育與保育事務。著重於推動家庭與社 區的責任與成長,並對於幼兒保護與 照顧有貢獻。

(三)跨政府機構

☐ 教育就業訓練與青少年事務跨部會委員會(The ministerial Council on Education, Employment, Training and Youth Affairs)結合各層級政府,在政策擬定及實行上提供一個國家層級的合作機制。

☐ 教育總裁會議(The Conference of Education Systems Chief Executive Officers)主要由各州、領地教育系統的總裁(CEO)所組成。會議中討論議題廣泛涵蓋所有教育問題,如:師資培育、校內人力資源與產業間的關係、課程、特殊教育等。在這個機構之下附設了幼兒教育工作會(Early Childhood Education Working Party),則關注 0-8 歲幼兒教育與保育的問題。

☐ 社區服務局長會議(The Community Services Ministers Conference)由各級政府組成,關心家庭及社區服務。每年開會一次。

❏ 社區服務局長顧問會（The Community Services Ministers Advisory Council）負責執行社區服務局長會議所做成的決議。每年開會二次。

（四）地方政府

地方政府主要負責提供各種幼兒教育與保育服務給有幼兒的家庭，例如某些地方政府會成立圖書館、公園遊樂設施等。有的甚至會提供疫苗注射（immunization services）與親職教育課程（parenting courses）。

許多地方政府（如：新南威爾斯、維多利亞及塔司馬尼亞）透過補助或直接經營全天日托中心、家庭托育系統及課後托育服務。

三、幼兒教育與保育機構

澳洲的幼兒教育與保育機構可分為公立系統（政府提供）、非政府非營利性機構、私立營利性機構及私立非營利性機構。其中，73% 的全天日托中心為私立，而其他的幼兒教育與保育機構多屬省政府、地方政府或非營利性機構。

不同機構可滿足家長的不同需求。全天日托中心、家庭日托系統及課後托育服務都是政府為了就業父母需求所設；學前教育機構（preschool）是在幼兒入小學前提供教育性經驗、臨時性托育服務及提供家長臨托服務。

幼兒教育與保育機構的服務地點也有差異，全天日托中心及家庭托育系統多以社區導向或工作地區導向，以便提供就業父母所需之幼兒教育與保育服務。課後托育班多

附設在小學,也有可能設在社區中心。同樣地,學前教育機構也可能設在學校或是日托中心。臨托服務則多位於社區大會堂、購物中心或在社區中單獨經營。

　　以下就各種幼兒教育與保育機構分別介紹:

(一) 家庭托育系統 (Family Day Care)

　　由有註冊的褓姆 (caregiver) 在褓姆家中照顧0~12歲的小孩。當地的家庭托育系統協調單位負責幼兒的分配、及註冊褓姆的招募。

(二) 私人家庭褓姆 (Home Based Care)

　　同樣是在褓姆自己家裡照顧幼兒,但是這類的私人褓姆並無加入家庭托育系統。有些省或領地會依照褓姆照顧幼兒的數量來決定是否應接受規範。

(三) 全天托育中心 (Long Day Care Centres)

　　主要對象是0-6歲 (學齡前) 的幼兒。開放時間爲每天至少8小時,每週5天,一年48週。

(四) 多功能原住民兒童服務 (Multifunctional Aboriginal Children's Services)

　　多功能原住民幼兒服務的照顧對象爲0-12歲原住民以及多力斯海峽島民 (Torres Strait Islander) 的兒童,由各社區的原住民以及多力斯海峽島民管理,依社區需求提供不同服務。

(五) 多功能兒童服務 (Multifunctional Children's Services)

多功能兒童服務主要收 0~12 歲的偏遠郊區兒童，視當地社區需求提供不同服務，例如全天日托中心、課後托育以及家庭托育系統。

（六）機動性兒童服務（Mobile Children's Services）

機動性兒童服務是移動式資源提供者，對象為郊區及偏遠地區的家庭，視社區需求提供不同服務。可提供多種服務，包含幼兒保育與學前教育，並可設計活動給年齡稍長的孩子，例如遊戲團體（playgroups）與玩具館（toy libraries）。

（七）臨時托育中心（Occasional Care Centres）

針對0-6歲（學齡前）兒童提供定期或非定期的短期服務，開放時間及天數依機構而不同。

（八）課後托育（Outside School Hours Care）

主要提供活動給 5~12 歲兒童，服務時間包括上學前、放學後與假期間。

（九）遊戲團體（Playgroups）

主要提供活動給育有 0-6 歲（學齡前）幼兒的家庭，活動通常由家長或照顧者陪同參加。

（十）學前教育機構（Preschools）

學前教育機構主要招收 3~5 歲兒童，採學期制，開放時間從早上九點到下午三點。幼兒可以半天班或全天班（半天等於幼稚園的一堂課）。學前教育機構可包含幼稚園或小學先修班（pre-primary）。各州與領地間規定不

同，學前教育機構招收兒童的年齡、開放時間以及管理方式皆有所不同。

（十一）註冊托育（**Registered Care**）

在註冊托育的規定下，照顧者無論是親戚、朋友、私人家庭褓姆，都必須要向家庭支助辦公室（Family Assistance Office）登記。這個登記程序並不具有約束力，但可讓符合條件的父母從中央政府獲得補助。

（十二）小學（**Schools**）

進入小學就讀是所有 6 歲以上兒童都需接受的義務教育。偏遠教育機構（Distance education programs）對象為偏遠地區的兒童。兒童每天上學 6 小時，視各地區及公私立學校的規定不同，學期長短也有分別。

（十三）玩具館（**Toy Libraries**）

玩具館可出借玩具及遊戲給家長或幼兒教育與保育機構。這些玩具遊戲通常是為了刺激兒童發展。某些玩具館透過機動性兒童服務來提供特殊幼兒或偏遠郊區兒童相關設備。

四、幼兒教育與保育法規

由於澳洲在行政劃分上有省及領地之分，其法規依地方也會有所不同，從表 11-3 中可清楚一覽規範各種幼兒教育與保育機構之法規。

表 11-3　澳洲各省、領地幼兒教育與保育法規一覽表

州／領地	學前教育機構	全天日托中心	家庭托育系統	私人家庭褓姆	機動性兒童服務	課後托育
澳洲首要領地	1.1999 年兒童服務修正法案。 2.執照資格手冊。 主要由教育部運作。	1.1999 兒童服務修正法案。 2.執照資格手冊。	若照顧的幼兒低於五人或是 12 歲以下兒童低於 8 人，則不需規範管理。	若照顧的幼兒低於五人或是 12 歲以下兒童低於 8 人，則不需規範管理。	沒有提供此項服務。	兒童服務法案。
新南威爾斯	1996 年幼托中心暨機動性兒童服務法規	1996 年幼托中心暨機動性兒童服務法規	1996 年家庭托育及私人褓姆服務法規	1996 年家庭托育及私人褓姆服務法規	1996 年家庭托育及私人褓姆服務法規	沒有法規
北方領地	主要是教育部管理，其他則由 1997 年社區福利（兒童照顧）法規及北方領地兒童照顧標準（Standards NT Child Care Centeres1997）	1997 年社區福利（兒童照顧）法規及北方領地兒童照顧標準	若 6 歲以下幼兒少於 6 人，則沒有規範。	1.若 6 歲以下幼兒少於 6 人，則沒有規範。 2.立法通過私人家庭褓姆指導方針	無	無
昆士蘭	1991 年兒童照顧（托育中心）法規 [Child Care（Child Care Centres）]	1991 年兒童照顧（托育中心）法規	1991 年兒童照顧（托育中心）法規	在私人家裡，並無具體規範	1991 年兒童照顧（托育中心）法規	無

（續）

州／領地	學前教育機構	全天日托中心	家庭托育系統	私人家庭褓姆	機動性兒童服務	課後托育
塔司馬尼亞	主要由教育部管理。其他則由 1.1960年兒童福利法案及1961年的法規。 2.1998年托育中心證照準則	1.1960年兒童福利法案及1961年的法規。 2.1998年托育中心證照準則	1.1960年兒童福利法案及1961年的法規規範。 2.社區和健康服務部門的成果標準	1.1960年兒童福利法案及1961年的法規規範。 2.社區和健康服務部門的成果標準	無此服務	若照顧的孩子超過7歲，則無規範
維多利亞	1998年兒童服務法規	1998年兒童服務法規		若照顧6歲以下幼兒少於5個人則無規範	1998年兒童服務法規	無
西澳洲	1988年社區服務（兒童照顧）法規或1999年教育部的學校教育法案及法規	1998年社區服務（兒童照顧）法規	1998年社區服務（兒童照顧）法規	1998年社區服務（兒童照顧）法規	機動幼稚園受1999年的學校教育法案和法規管理。	受課後托育準則規範，但該準則尚未經立法通過。

五、師資／工作人員

（一）分類

各類型幼兒教育與保育服務的工作人員情形如下：

1.全天日托中心

工作人員可分為受過專業訓練與未受訓過，看地區而異。例如：有的地方合格教師資格是擔任老師的必要條件，有些地方則要求中心主任需具備幼教資格。

2.家庭托育系統

根據全國家庭托育標準（National Family Day Care Standards），在家庭托育系統協調單位的工作人員需具備特定資格。褓姆本身除了急救執照之外，不需要其他特別資格。但家庭托育系統依照不同地方的法規要求，有的可能必須接受入門課程，而所有的家庭托育系統皆提供褓姆在職訓練。

3.學前教育機構

欲擔任學前教育老師，需要有教師資格。

4.小學

在某些地區，老師必須要在教育機關註冊才可在小學教書，各地詳細規定不同，有些地方老師在註冊後可以擔任幼教、小學或中學老師；有些地方則有其他特定要求。一般而言，5-8 歲的學校教育多由受過訓的幼教或小學老師負責。

5. 課後托育

依照國家標準，平均每 30 個小孩必須由一位合格的
工作人員照顧，包含中心管理者也必須具備資格，這項資
格可以是幼兒教育、保育或休閒娛樂（recreation）。

有一點很特別的是，所有地區的幼教工作人員在正式
工作前，都需通過警察的身家調查（police checks）。

（二）資格

並非所有幼教工作人員都需要最高的資格，其實也有
其他的證照或進修管道，受認可的幼教老師資格相關資格
包括取得執照（certificate）、證照（diploma）及學位
（degree）。取得執照者可進修以取得證照，已有證照者
可修課以獲得教學學位。要取得資格有以下三種管道：

1. 技職教育（Vocational Education ）

訓練課程是國家認證的計畫，包含實務訓練與評量、
遠距教學等。訓練後可取得的資格包括社區服務（兒童服
務）二、三、四級執照（certificate）、社區服務（兒童
服務）證照及社區服務（兒童服務）進階證照。具備資格
後就可以在托育中心、課後托育班或是家庭托育系統中擔
任專任職務。

2. 高等教育（Higher Education）

教學學位通常在大學系統取得。老師可在招收五歲以
下幼兒的幼教機構工作，或是從事低年級教育。

3. 在職進修教育

聯邦、省及領地政府負責補助在職進修教育，並提供資源。此課程提供在職人員新的研究、實務、發展及議題，對於在職人員交換想法及形成網路幫助甚大。

概括而言，澳洲各地對於老師及工作人員的資格要求並不一致。

（三）薪資福利

幼教工作人員的薪資通常由其機構決定。目前全天日托中心的老師薪水較低，行政工作多，休假不多，及較少的時間準備及計畫幼兒的活動，工作條件較學校老師差。

老師及托育工作人員在薪資及工作條件方面差異更大。薪水取決於工作人員的資格，即使擔任同樣工作，若資格不同，薪水也會有差別。一般而言，非擔任教學的工作人員薪水最低，而這樣的工作者多為女性。1996年統計出只有3.3％的幼兒教育與保育人員是男性，而男性小學先修班老師也只有2.3％。

造成幼教工作人員的低薪資是有原因的。從歷史角度來看，過去人們一直將照顧小孩是女人在家庭裡擔任的傳統角色，不能算是一種需要專業技能的職業；過去的幼兒教育與保育多屬於慈善性質，因此工作人員的薪資自然不高。而目前幼教工作人員和家長建立的密切關係使得他們不好意思提及提高薪水、改善工作狀況及拒絕沒薪水的超時工作。幼教工作人員的低薪資、工作條件差、及有限的晉升管道使得他們的工作流動率大，也難以招募到工作人

員。合格工作人員之短缺對於幼兒教育與保育品質是一大
危機。彈性的訓練課程可以提供較多進修的可能性,以增
加工作人員能力及取得資格,但這樣套裝課程的缺點在於
忽略了理論基礎及老師的反思能力。

六、經費

　　聯邦政府、省與領地政府、家長與慈善機構共同分擔
幼兒教育的費用。聯邦政府的方式是直接提供幼兒教育與
保育服務機構或補助家長學費,近年來則轉變為以補助家
長為主,以造成幼兒教育與保育服務的「顧客取向」,避
免政府成為服務提供者。省與領地政府以提供執照資源、
支持幼兒教育與保育服務、發展創新的幼教服務、支持家
長的親職工作。他們針對特殊狀況通常會提供家庭一次
(one-off)的額外補助。

　　聯邦對於家長的補助透過幾個方式:

(一)　兒童照顧協助方案(Childcare Assistance,簡稱 CA)

　　兒童照顧協助方案針對家長使用特定幼兒教育與保育
機構來提供補助,機構包括全天日托中心(限在全國兒童
照顧認證委員會註冊的中心)、家庭托育系統、聯邦臨托
中心、及課後托育班。補助金額取決於家庭收入。對於無
工作的家庭,每週最高補助他們 20 小時的保育。對於低
收入家庭幫助較大。

(二)　兒童照顧先殿後付方案(Childcare Rebate)

　　兒童照顧先殿後付方案只限於補助家長因工作因素而
需要的幼兒教育與保育服務。

（三）兒童照顧補助方案（Childcare benefit）

2000 年 7 月之後，政府實行兒童照顧補助方案，該方案結合了兒童照顧協助方案及兒童照顧先殿後付方案。不論家長選擇受認可的幼托服務或是雇用非正式的私人家庭褓姆都可接受補助。同樣地，補助額度依家庭收入而異。每個家庭補助上限爲一個孩子每週 50 小時的幼托費用 122 澳元（約合新台幣 2523 元，2003 年 2 月 1 澳元約合新台幣 20.68 元）。預計兒童照顧補助方案可減低家長在幼兒教育與保育方面的花費。

雖然聯邦政府對於幼教經費進行補助，但在家長自行負擔部分，以全天日托中心的每週收費爲例，從 1991 年至 1999 年以來平均每年提高了 6.5％，1991 年 1999 年的整體漲幅更高達 59％。兒童照顧協助方案及兒童照顧回扣方案可提供家長某個限額的補助，兒童照顧協助方案每週最多補助每位幼兒 96.50 澳元（約合新台幣 1,996 元），兒童照顧先殿後付方案則是 28.95 澳元（約合新台幣 599 元）。

家長自付費用的增加、補助的減少以及補助條件的改變等因素造成了幼教機構生態的變化，這些變化包含了幼兒參加全天日托中心的時數由每週 28 小時減到 24.5 小時；全時參加社區式的及私立的幼兒教育與保育服務的人減少，非全時使用者卻增加了，這些幼兒教育與保育服務使用率的下降相對地造成中心及機構的倒閉。從這裡可看出在供應面、需求面與家長的可負擔性之間的關係形成微妙的互動。

　　多功能原住民服務、多功能服務及部分聯邦資助的臨托中心及家庭托育系統的協調單位會接收到政府的補助。政府也資助新成立的家庭托育系統及課後托育班（包括設備及成立），但目前這樣的補助僅限於非營利性機構，在2001年1月私立幼托機構也可以開始接受補助。

　　學校機構主要由省、領地及聯邦政府負責。在公立學校系統，聯邦補助佔總公共資金的44％；非政府學校系統中，聯邦補助佔總公共資金的76％，而家長支付的部分更佔非政府學校系統的總花費之45％。學前教育機構的費用大部分（80％）則由省與領地政府負擔。

　　創新的幼兒教育與保育機構、符合特殊需求幼兒（包括身心障礙、文化及語言）的機構也都是由聯邦、省與領地政府提供經濟資助。

　　教育及保育方面的花費是免付貨物服務稅（Goods and Services Tax），雖然保育機構的設備是需要課稅的，但業者可以申請退稅。

七、品質監督與評鑑

　　幼兒教育與保育機構能夠保障幼兒的福祉、培養他們的發展及促進所有學生最佳學習成就，對於社會大眾而言，是一種需要，也是種期望。在澳洲這樣的社會文化脈絡下，有品質的幼教實務工作是與社會脈絡相關的。同時，他們在探究品質議題時，不僅只從個別機構來看，同時考量不同機構如何共同達到幼兒及家庭的需求。

　　品質評鑑機制隨著幼托服務類型及所處地區而決定。

大致上可分為：

❑ 與品質架構（structural）有關之因素：這些因素一旦實施，可增進幼兒教育與保育環境的品質，如：工作人員資格及數量、師生比、及對於健康安全及活動空間的要求。而這部分由省及領地政府的幼兒教育與保育法規政策所規範，但各地有差異。

❑ 與品質過程（process）有關之因素：此類因素指的是幼兒待在幼托機構一天中能實際感受到的品質。如：符合幼兒發展階段、文化背景及個別特性的型態；呼應幼兒與家庭的需求與偏好的環境；師生及親師互動情形；在校時間的程序（routine）；課程的本質及實行。全天日托中心的這部分因素由「品質改善與認證系統」（Quality Improvement and Accreditation System）負責評鑑。

　　聯邦支持的品質改善與認證系統及省與領地政府的管理方式，在國際間被認為是全天日托中心系統的優點。

八、幼兒教育與保育相關政策

（一）育嬰假（parental leave）

　　家長在孩子出生前後享有 52 週沒有薪給的育嬰假，但前提是家長需在孩子出生前為同一位雇主連續工作一年以上才可使用育嬰假。除了生產第一週之外，家長可以輪流使用育嬰假，兩人加起來的育嬰假不可超過 52 週。在產前生產假最多可有 6 週。

有薪給的育嬰假（包括產假）通常是 6 到 12 週，且是經過公司同意。

（二）家庭津貼（family allowance）

家庭津貼是針對育有 16 歲以下子女的家庭所給予的補助，且是針對情況特殊之年紀較大的眷屬。

（三）不利地區補助（disadvantaged area subsidy）

針對偏遠地區及都市邊緣地區的幼兒教育與保育機構所提供的補助。

肆、課程與教學

澳洲的幼教課程反映著各地方及社區之需求，並受特定的哲學所影響，如：史坦納（Steiner）及蒙特梭利影響了學校及學前機構；適性發展（Developmentally appropriate practice）強調遊戲式學習及注意幼兒發展與個別差異，是幼教師資培育課程的中心。近年來，許多幼兒教育者也受到方案教學的啟發。不同機構可能採行不同課程。同時，部分省及領地正在發展幼教課程，例如：南澳大利亞發展了 0-18 歲的課程，其中 0-8 歲的課程是針對學校教育的低年級及學前教育機構使用，其他幼兒教育與保育機構是自願性採用。昆士蘭有學前教育課程準則（Preschool Curriculum Guideline），所有公立學前機構需採用，對於其他幼兒教育與保育機構則是建議採用；西澳大利亞訂有包含幼稚園（3 歲）至高一（first year of secondary school）的課程架構；新南威爾斯正在為非學

校式的幼兒教育與保育機構發展出一套幼教課程架構；塔司馬尼亞及澳洲首要領地都正在審查幼教課程的角色及議題。

對於澳洲發展幼教課程，反對者認爲幼教課程所建構出的教學結構會使得老師無法因應幼兒個別需求，而支持者認爲訂定統一課程可以促進幼教工作人員對於嬰幼兒教育實務工作的瞭解，實務工作者仍可使用觀察及其發展方面的知識來計畫，以滿足幼兒的個別需求。

無論是聯邦政府或地方政府都認同 21 世紀課程目標（The National Goals for Schooling in the Twenty first Century）的重心爲學生，而非教育機構。三大目標領域包括學生的高品質成就、課程及社會正義。伴隨這些目的的實行同時還實施全國性評估（measuring）及報告（reporting），全國性成果報告目的主要是提升澳洲學校的標準，並使學校成爲社區改善的一股動力。

在這個目標裡，幼教部分著重在於語文及算術，目標爲「在適宜的程度上，每位學生都應會算數、閱讀、寫字、拼字及溝通。」爲了支持這個目的，全國語文算數計畫（National Literacy and Numeracy Plan）將著重於學校教育的低年級（early years of schooling），爲達此目標，所有省及領地運用了以下策略：

❑ 盡早對於所有學生進行全面評估，以瞭解有多少學生無法到達語文算數目標。

❑ 早期介入以幫助那些能力可能不足學生的需求。

❑ 全國語文算數基準問題測試（national benchmarks in literacy and numeracy）。

❑ 對於達不到全國語文算數基準問題測試的學生進行評估。

❑ 全國學生成果報告。

❑ 規劃教師的專業發展。

　　由於認同早期介入的成效，因此全國語文算數基準問題測試收集到的資料對於幼教課程及教學有影響。

　　2000 年 3 月首相頒佈全國原住民英語及算數策略（National Indigenous English Literacy and Numeracy Strategy），其目標在於提升原住民學生的語文和算術能力，以達到跟其他澳洲人一樣程度。策略包含：

❑ 將原住民學生入學率提高到與一般澳洲學生相同。

❑ 有效的處理原住民學生健康上的問題，以免導致學習障礙。

❑ 盡可能的提供學前教育機會。

❑ 訓練足夠且有能力的老師，培養其文化知覺（cultural awareness），使他們有效率地瞭解與溝通，並鼓勵老師在該地教學一段時間。

❑ 確保老師們使用最有效率的教學方式。

❑ 組織過程要透明化，讓人能信服於學校與老師。

　　除了全國原住民英語及算數策略，2000 年 5 月，省、領地及聯邦政教育部都投入「21 世紀學校文化融合原則與標準之全國聲明」（National Statement of Principles and Standards for More Culturally Inclusive Schooling in the Twenty-First Century）。他們認為文化融合模式可使原住民漸與主流學校融合。

　　此外，家長為了尋找能配合其工作時間的幼兒教育與保育機構，幼兒可能會更換數所幼托機構，澳洲十分重視幼兒在更換機構的過渡期之適應情況。因此，除了鼓勵所有幼兒教育與保育機構及學校間的合作之外，幼兒進入全時學校教育的第一年並非小學一年級，而是先修班。先修班的作用在於幫助幼兒從家庭或幼兒教育與保育系統（如：學前教育機構、全天日托中心）順利地轉換至正式的學校教育。

伍、議題

一、現存的系統與新興方法

　　社會及經濟的變動使得澳洲的幼兒教育與保育系統出現了新興的方法。面對這樣的挑戰，澳洲需要做的是，保持及促進現有系統的優點，同時兼顧新方法的發展。若能促進相關政府部會間和社群間的持續對話，形成一個全國性的共識，囊括現存的及未來的幼教與保育概念，對於形成幼教與保育政策的全國性架構是有幫助的。

二、進入適合幼兒教育與保育機構的機會

雖然澳洲有很多幼兒教育與保育服務，但仍有需多家庭無法進入適合的幼托機構。有特殊需求的家庭可能仍無法獲得滿足。面對如此多元的需求的同時，澳洲如何確保其幼教育托育品質，是另一大挑戰。

三、師資 / 工作人員問題

短缺的合格工作人員（尤其是幼教老師）與工作人員的高流動率是幼教品質的一大隱憂。

四、幼兒的過渡期

在轉換機構的過渡期之間，幼兒可能面臨適應問題，其經驗不見得能順利銜接，因此促進各幼兒教育與保育機構間的連續性（continuity），加強家長、幼兒教育與保育機構及社區間的伙伴合作關係（partnership）將有利於幼兒的生活及學習經驗的聯結及順利轉換。

五、幼兒教育與保育品質

根據社會依附及早期腦部發展的研究，二歲以下嬰幼兒偏高的師生比例（1:5），使得工作人員無法有效率的與每個孩子互動，同時造成工作人員工作上的壓力。

此外，非學校式的幼兒教育與保育機構的品質也存在一些問題。第一，因家長需求，幼兒可能面臨多種幼托機構的安排，產生適應方面的問題；幼兒非全時的參加全天日托中心，造成幼兒在一週中的經驗不連貫，工作人員則面對數量甚多且流動的幼兒，造成教學上的壓力。這些議題都會影響幼兒教育與保育品質。

陸、結論

　　如同在議題討論中所提及，澳洲的幼教與保育在政策或實務立場上呈現二分化的訴求，若著重家長需求，可能忽略幼兒發展；若保育重於教育，則在工作人員的素質要求上則會較寬鬆；若考慮家長在學費上的負擔，會產生減低學費的壓力，卻也有可能影響品質。不同教育概念會影響到教學資格及機構型態。

　　此外，在幼兒教育與保育機構的供應量上，澳洲政府所採取的介入方式對於幼兒教育與保育市場所造成的影響（參見幼兒教育與保育現況），值得我們省思參考。

Chapter 12　總結

　　從前面 11 章各國介紹中不難發現，幼兒教育與保育之國際發展趨勢包括了機構的快速增加、對於品質的改善、對於系統間整合與一致的努力，及對於幼兒教育與保育持續的公共投資。第 12 章將針對各國幼兒教育與保育進行對照，目的不在比較各國的方法之優劣，而是介紹不同政策所帶來的各種可能性及其隱含的意義，期望刺激讀者在了解各國幼兒教育與保育的同時，對於幼兒教育與保育政策的制訂有多面向思考及反思。以下將就 14 點分項討論。

壹、國家在幼兒教育與保育政策上的定位

　　受到文化及社會傳統影響，各國對於幼兒與家庭持有不同的看法，而這樣的看法也直接影響到國家在幼兒教育與保育上的定位。

　　多數國家的幼兒教育與保育責任漸從私人轉為公共責任；人們也開始重視到家庭及幼兒教育與保育機構對於幼兒

265

早期發展的影響。綜觀各國幼兒教育與保育政策，大致可歸納出以下定位：

❑ 鼓勵育有子女的母親加入勞動市場，並兼顧工作與家庭。（如：英國）

❑ 考量到經濟發展之因素，因此在幼兒教育與保育政策上會比較強調幼兒的入學準備及讀寫算等能力，以期能及早培養在全球經濟下具有競爭力的公民。（如：英國、美國）

❑ 將童年視為在人生過程中有其獨特權利的重要階段（如：挪威）。幼兒是具備能力且在社會中擁有自己文化與聲音的一群。因此，應建立一個能促進幼兒發展與福祉的環境。

❑ 認為幼兒出生就享有權利，認同幼兒應參與幼兒教育與保育機構活動的選擇及設計，此種觀點不強調為將來學業成就作準備，反之，幼兒在這個時期應培養的是將來學習所需的技能與學習策略。同時，因為幼兒在生活中無論何時何地都在學習，所以在幼兒教育與保育之間的分野就顯得沒有意義，不需要分得那麼清楚。（如：瑞典、丹麥、芬蘭）

❑ 強調公平社會的形塑，維持社會整合，減少社會隔離。認為兒童時期（童年）是終生學習中的一環，且為其基礎。支持弱勢不利的家庭與幼兒，增進公平的教育機會。（如：芬蘭）

☐ 此種觀點從兩性平權的觀點出發（如：比利時、挪威、芬蘭、丹麥、瑞典），幼兒教育與保育被視為達到兩性平權之方法。

☐ 認為幼兒教育與照顧為私人責任。持同樣觀點但作法上各國有不同之政策，有的國家（如：美國）不提供普遍的幼兒教育與保育，公立幼兒教育與保育乃針對某些族群的幼兒的補救教育；有的國家（如：捷克、葡萄牙）則將 0 - 3 歲幼兒留在家中照顧；有的國家（如：荷蘭）採取「幫助而不介入」的政策。

☐ 由於移民及難民的因素，各國人口組成漸呈多元化。相對於原來社會的人民，這些新移民成為「少數」族群。在本書各國介紹之章節中我們可發現，這些少數族群生育孩子的年齡較早且數量較多（如：澳洲、比利時及荷蘭），因此，社會人口的多元化對於教育會造成影響。比利時、丹麥、芬蘭、荷蘭、挪威、瑞典在幼兒教育與保育政策上包含了新移民及其他少數族群，促使少數族群及新移民的幼兒與家庭接觸主流社會的語言與傳統。澳洲、芬蘭、挪威、瑞典及美國對於其國內的原住民則是一方面保存其原生家庭之文化及語言，另一方面則幫助他們能進入主流社會，成為社會的一份子，避免因社會隔離所造成的各種問題。

　　儘管不同政策代表著不同價值觀與信念，但在同一個國家中，我們可以發現多重定位的政策同時存在。歸納出以上各種國家定位有助於我們了解幼兒教育與保育政策之

制訂。此外，不論是照顧特定族群或是照顧所有的幼兒，各國都面臨到一個問題：如何在「國家介入以確保幼兒福祉」與「父母有權為子女做決定」之間取得平衡點。

貳、各國義務教育起始年齡

幼兒教育與保育制度與義務教育起始年齡之間的關係密不可分。以下將先就各國義務教育起始年齡進行對照。

表 12-1 各國義務教育起始年齡

國名	英	美	澳	挪	芬	丹	瑞典	荷	比	捷	葡
年齡	4*/5	5-7**	6	6	7	7	7	5	6	6	6

註：＊：北愛爾蘭規定為 4 歲，大不列顛為 5 歲。

＊＊：依各州規定不同

從表 12-1 中我們清楚地看到義務教育起始年齡的選擇有很多種，從第一部份各國介紹時也發現這個話題一直存有爭議。入小學的年齡最小從 4 歲（北愛爾蘭）到 7 歲（芬蘭、丹麥、瑞典）。有些國家允許幼兒在未達入學年齡之前即可進小學就讀，例如：在荷蘭及英國義務教育起始年齡雖為 5 歲，但可自願性地於 4 歲提早入學。

挪威、比利時、捷克、葡萄牙的規定都是六歲，丹麥及瑞典的義務教育年齡雖維持在 7 歲開始，但他們提供免費且自願性參加的幼稚園或小學附設之學前班給 6 歲幼兒。芬蘭的入小學法定年齡也在 7 歲，然而，該國在 2000 年 8 月開始賦予所有 6 歲幼兒參加免費的半日學前

教育的權利，家長可選擇將孩子送到日托中心或是小學。由此看來，雖然入小學年齡各國有不同之政策，但目前進入小學就讀的起始年齡似乎有傾向於 6 歲開始的趨勢。

參、 0-3 歲之幼兒教育與保育

3 歲以下的幼兒教育與保育通常都與該國的產假、育嬰假及其社會觀念有關。因此，各國 3 歲以下的幼兒在幼兒教育與保育的受教機會及品質有很大的不同。

在社會觀念的影響下， 0-3 歲的幼兒教育與保育多被視爲家庭責任，其形式也就多屬於私人的、非正式及家庭式。在很多國家中（如：澳洲、比利時、荷蘭及英國），育有 0-3 歲子女的家長通常會配合其工作時間來選擇非正式的幼兒教育與保育機構。只有北歐國家在產假／育嬰假後，設有服務 0-3 歲幼兒的正式幼兒教育與保育機構。隨著各國經濟社會變化，勞工需求量增加，過去由家人擔任的非正式的 0-3 歲保育工作比例漸漸減少，對於正式的幼兒教育與保育服務需求量正在逐漸增加。

產假／育嬰假政策的制訂會直接影響到 0-3 歲幼兒教育與保育的形式與數量。各國的情形大致上可分爲四類：

☐ 丹麥與瑞典家長享有 6-12 個月有薪給之產假／育嬰假，在育嬰假結束後，家長可付費使用幼兒教育與保育服務，備有足夠的名額以服務有需要的家庭。

☐ 在芬蘭與挪威的政策是給予家長選擇權。育嬰假與現金補助使得一位家長得以留在家裡照顧幼兒直到 2 或

3 歲，家長也可選擇使用由公共補助的幼兒教育與保育服務。芬蘭這樣的選擇權是法定的，該政府並且努力提供更充足的名額，以縮短入園就讀的等待名單（waiting list）。

❑ 捷克的育嬰假政策傾向支持家長（通常是母親）照顧幼兒直到 4 歲，因而造成公立托兒中心大幅減少至 67 所。

❑ 第四類政策認為家庭應負擔三歲以下幼兒的主要照顧責任，政府則是提供協助。在葡萄牙及英國給予家長部分薪給的育嬰假，在澳洲及美國的育嬰假則是不予補助。比利時與荷蘭的制度結合了較短的有給育嬰假及某種程度的公共補助之幼兒教育與保育服務。在這些國家中，對於 0-3 歲幼兒教育與保育服務，國家並不完全擔負家庭應照顧幼兒的責任。

整體而言，各國提供育嬰假具有鼓勵母親進入就業市場，以繁榮國家經濟之功能。丹麥、瑞典、芬蘭可謂是最早針對 0-3 歲幼兒教育與保育服務提供公共資金的國家，這樣的政策是國家促進兩性平權的政策之一。對於第四類國家的家長在面對 0-3 歲幼兒的保育問題時，需要使用私立機構服務，他們常會面臨到學費與品質的取捨，也就是說，家長可能會因為付不出高學費而無法選擇品質佳的幼兒教育與保育服務。

另一個趨勢是各國出現多樣的 0-3 歲保育選擇，以提供家長更有彈性的保育服務，例如：全時、非全時、臨

托、遊戲團體。

肆、 3-6 歲之幼兒教育與保育

　　至於六歲以下學齡前幼兒，大多數歐洲國家多偏向為
3-6 歲幼兒全面提供免費的幼兒教育與保育。例如：比利
時幼兒滿 30 個月，荷蘭及英國幼兒滿 4 歲就有權參加免
費的學校式幼教服務。北歐國家的幼兒教育與保育基於其
支持幼兒發展與家長就業之雙重功能，所以幼兒教育與保
育多提供全日服務，其服務的 3-6 歲幼兒，在芬蘭約有
65％，在挪威及瑞典約有 70％，丹麥則約是 90％。在本
書介紹的 11 個國家中，因為受到其特殊的政治經濟及社
會變遷之影響，捷克是唯一在 3-6 歲幼兒的照顧人數上不
升反降的國家（詳見第 8 章捷克）。

　　相對於歐洲國家，英美澳較不傾向提供全面的幼兒教
育與保育服務給所有 3-6 歲幼兒，而僅對部份年齡層或族
群的幼兒提供充分服務。目前英國已有 4 歲幼兒的小學預
收班。在美國，5 歲幼兒通常進入設於正式教育系統的幼
稚園就讀，4 歲以下的幼兒教育與保育政策則針對低收入
戶或是弱勢不利的幼兒提供優先進入公立幼兒教育與保育
機構就讀的機會。在澳洲，多數省與領地為 4 歲幼兒全面
提供非全日（part-time）的學前教育，且大多數的 5 歲幼
兒都會參加小學先修班。由此可發現，英美澳三國對所有
4 或 5 歲幼兒所提供的全面服務多屬於教育系統。

伍、課後保育制度

　　在談及幼兒教育與保育制度時，我們往往忽略了課後保育，然而各國因經濟發展需求或是受兩性平權之影響，父母需要外出工作的家庭比比皆是，幼兒及國小兒童在放學後的保育問題成了社會上非常重要的課題，但在介紹各國幼兒教育與保育系統時不難發現，課後保育並不是各國政府在幼兒教育與保育政策上的優先考量。除了北歐及捷克能提供全日的幼兒教育與保育服務之外，其他國家的幼兒教育與保育機構的開放時間通常不一定是全日，因此在家長的上下班時間與幼兒及兒童的放學後的接送及照顧上出現一段斷層。

　　各國在課後保育上的規定較鬆，一般工作人員較不具專業資格。目前丹麥及瑞典在課後保育方面能提供較足夠名額的服務，並提升課後保育人員素質至大學學歷，瑞典更是唯一直接授與 12 歲以下兒童接受課後保育的權利。

陸、受教機會

　　幼兒的年齡、家長的工作時間、學校的地點及學費往往會影響到家長選擇幼兒教育與保育的形式。例如：在芬蘭、丹麥、比利時、美國及許多國家的鄉村區，育有三歲以下幼兒的家長通常選擇家庭式保育，其原因可能反映出家長偏好選擇具家庭氣氛、小型的、混齡的、彈性的時間的保育形式；或是因為家庭式保育收費低廉，家長較負擔得起。

　　許多國家因人口密度低、群聚分散、交通不便、設備簡陋、專業人員招募不易造成鄉村地區的幼兒受教機會不平等。除了家庭式保育之外，澳洲、捷克、丹麥、芬蘭、挪威、葡萄牙及英國還會採取以下替代方案來解決城鄉差異的問題：補助現有的公立學校以提供幼兒教育與保育服務、巡迴老師（itinerant teachers）、流動服務（mobile service）。

柒、特殊需求的幼兒

　　對於有特殊教育需求的幼兒提供服務是各國幼兒教育與保育共同潮流。特殊需求不只限於身心障礙方面，更包含了少數文化、語言、或社經背景較低的家庭與幼兒。許多國家支持將有特殊需求的幼兒回歸到主流。在丹麥、芬蘭、挪威及瑞典訂有政策以確保特殊需求的幼兒之受教權，並提供額外的資源（如：降低師生比及專業特教人員）。

　　除了政策的制訂及社會對於特殊教育態度的改變之外，在幼兒教育與保育系統機構的改變也是很重要的。有些國家的法律對於公私立機構的規範不同，造成實施特殊幼兒回歸主流時造成困難。在澳洲 1992 年通過的法案就規定公私立機構不得歧視任何人（無論是否身心殘障）。即使有像澳洲如此強勢的政策，在其他國家仍會因為低收入或有特殊幼兒的家庭無力負擔幼兒教育與保育服務之費用，而產生不平等的情形。因此，提供新的補助方式就成為對抗不均的方法，例如：荷蘭政府直接補助提供特殊教

育的幼兒教育與保育機構及學校；比利時、荷蘭、葡萄牙、英國對於有特殊需求的家庭或區域都會給予額外補助，以促進其受教機會。

對於特殊需求的幼兒而言，除了要有進入幼兒教育與保育機構／學校就讀的機會，更需要符合其學習的需求。在芬蘭、比利時及美國都採行個別化教育計畫（individualized educational plans, 簡稱IEP），針對身心障礙幼兒的需求，由家長與老師共同擬訂計畫並實行。較低的師生比及受過特殊教育訓練的人員也是成功融合特殊需求幼兒所不可或缺的因素。

在少數文化與語言的幼兒方面，面對小學課程中所反映出的主流社會的價值觀及官方語言的使用，他們在學習上可能會遭受到挫折，因此，幼兒教育與保育機構被視為具有增加弱勢不利族群的教育機會並減低社會隔離的功能。澳洲、丹麥、挪威、瑞典及英國的幼教機構會聘僱精通雙語的教學助理，以幫助新移民家庭及幼兒熟悉官方語言，並保留其原有母語。丹麥、荷蘭則是較支持官方語言的學習。

雖然各國都透過政策的制訂、經費的補助及教育來達到社會融合的目的，但在實施上仍有許多阻礙，可能是因為低收入戶、少數族群及新移民的傳統育兒觀念的不同、或是語言上的障礙、或是認知上的誤差，造成這些弱勢不利族群仍舊面臨融入社會的困難。為解決這樣的難題，丹麥、荷蘭與挪威實施了半日的幼兒教育與保育方案，其原生家庭的文化與語言被視為教學活動的重要部分。

　　支持特殊幼兒的融合，不單只是基於社會正義與尊重人權，早期介入對於特殊幼兒的幫助在研究上更是已經獲得證實的，目前各國需要努力的是，反歧視及多元文化課程的發展及專業人員的訓練。

捌、品質的提升

　　大多數國家在談及品質時，會牽涉到機構的師生比、師資／工作人員素質及人員訓練。以下將分項討論。

（一）師生比

表 12-2　各國幼兒教育與保育機構師生比

國名	0-3 歲	3-6 歲
英國	1：4（公立） 1：8（私立）	1：8（遊戲團體） 1：13（保育班） 1：30（預收班）
美國	1：4-1：6 （依各州不同）	1：10-1：20 （依各州不同）
澳洲	1：5（0-2歲） 1：8（2-3歲）	1：10
丹麥	1：3	1：6
芬蘭	1：4	1：7
挪威	1：7-1：9	1：14-1：18
瑞典	1：6	1：6
比利時	1：7	1：19（最大比例）
捷克	無	1：12
葡萄牙	1：10（最大比例）	1：15
荷蘭	1：4-1：6	1：20（基礎學校）

　　各國的趨勢都是 0-3 歲的師生比較低， 3-6 歲的師生比較高。然而各國間師生比的差異極大。英國、丹麥、芬蘭、荷蘭的 0-3 歲幼兒之師生比較低，英國的小學預收班、挪威、比利時及荷蘭的基礎學校在 3-6 歲幼兒的師生比則是偏高，範圍從 1:19-1:30 皆有之，只是在英國四歲的小學預收班的師生比高達 1：30 ，其幼兒受教品質更是令人憂心。

(二)　師資 / 工作人員之素質與訓練

　　多數國家在幼兒教育與保育的師資 / 工作人員方面呈現教育與保育系統分流的狀況，換言之，兩個系統的師資 / 工作人員的訓練、資格、薪資、工作條件是不同的。通常保育系統的工作人員的各項條件都比教育系統的條件差。

　　對於丹麥、芬蘭、挪威及瑞典這些較早進行幼保整合的國家，工作人員的培訓是針對 0-6 歲，其工作人員分爲高素質的主教老師及略受訓練的教學助理。在挪威，幼教老師可以擔任的工作包含：0-6 歲的幼兒教育與保育、小學一年級的教職、 0-8 歲的課外保育工作及提供特教服務；瑞典的幼教老師可任教於學前教育機構、小學附設學前班、開放式學前教育機構；丹麥的幼教老師可以在各種幼兒教育與保育、課外保育、特教機構任職；在澳洲、芬蘭及荷蘭的人員培訓較傾向保育或社會福利系統，與前者國家相較，學歷程度較低。

　　各國的師資培訓所針對的幼兒年齡層有所不同。在澳洲、荷蘭、英國及美國，幼教老師及小學老師通常是一起

訓練的；其他國家（如：比利時、捷克、葡萄牙）則認為3-6歲的幼教老師需要專門的訓練，因此在師資培訓時是與小學老師分開的，但兩者學歷程度相同。此外，幼教老師無法在小學任教（除了比利時除外）。

在3歲以上的幼教師資的培訓上，其學歷程度要求較高，培訓時間也較長。例如芬蘭、葡萄牙及瑞典要求要有大學學歷；丹麥、比利時、挪威、荷蘭及英國的規定則需完成高等教育；在捷克所有的幼教老師幾乎都完成4年制的中等教育。3-6歲師資培育課程多偏重教育領域，課程包括心理學、社會學、哲學及其他學科類（如：音樂、藝術、律動等）。

針對0-3歲的師資／工作人員培訓各國情形更是不同。在幼保整合的國家，這個年齡層的師資／工作人員所接受的訓練程度較高，在比利時與英國，他們需要滿16歲之後，並完成2-3年的職業訓練，但程度仍低於教育系統的幼教老師。在澳洲、英國與美國等國家中，私立及自願性幼兒教育與保育機構的工作人員仍有數量很多未受過專業訓練，相對地，98％的瑞典保育人員都是經過專業訓練的。至於0-3歲的師資培育課程重點多為健康、醫療及保育方面。

許多國家都在師資培訓課程上尋求理論與實務平衡，尤其是大學或高等教育層級的師資培訓課程（如：芬蘭、葡萄牙、捷克）。相對地，在澳洲及美國，對於幼教領域中的專業知識及技能則缺乏共識。雖然各國在師資培訓上有所差異，但相同的是他們都面對著以下的挑戰：

1. 培訓課程中缺乏親師合作的訓練

2. 0-3 歲幼兒教育與保育專業訓練的不足

3. 面臨不同族群、語言的家庭與幼兒之多元需求

4. 難以吸引男性幼教師資 / 工作人員

玖、教師 / 工作人員的工作條件

目前多數國家都面臨幼教師資及工作人員的在職進修機會不均等、薪資低、福利差、高流動率及師資短缺的問題，這樣的情形尤以屬於社會福利系統的保育人員為甚。他們的工作待遇、社會地位及工作條件遠低於教育系統的老師，而這樣的差異可歸因於多數社會不認同 0-3 歲幼兒教育與保育的專業形象，第二個原因是保育系統的工作人員所受的訓練通常較低。多數國家都著重 3 歲以上的幼兒教育與保育專業人員的培訓，僅有丹麥、芬蘭及瑞典挹注大量公共經費培育涵蓋 0-6 歲的幼兒教育與保育人員，且其薪資與工作條件與教育系統老師相同。

老師及工作人員的流動率高與低薪資及工作條件差有密切關係，為了解決這樣的問題，提高薪資或是給予薪資補助是解決方案之一。然而，在各國有限的幼教預算限制之下，工作人員薪資的增加代表的是對於家長收取更多的費用，這與各國減輕家長育兒負擔的立場又有所相悖，低收入家庭的受教權更是大受影響。

在各國擴展幼兒教育與保育供應面的同時，專業師資

及工作人員的短缺是亟待解決的問題。各國使用以下策略來解決師資短缺、在職進修機會不足等問題：

❑ 比利時、荷蘭、葡萄牙及英國透過對於學前教育及小學教育相同的師資要求，使得幼兒教育與保育老師及工作人員所得的薪資及補助與小學系統老師的條件平等，並形塑同等的社會地位，幼教老師也有機會進入學校教育系統任教。藉此增加幼兒教育與保育工作的吸引力。

❑ 在丹麥師資培育機構可以提供的培訓名額少於實際上想擔任幼教老師的人數，因此學生可在具備實際幼兒教育與保育工作經驗之後，才進入師資訓練機構。在18個月的實習期間，學生可以受雇於地方政府，並享有津貼。

❑ 英國推動一個幼兒教育與保育人才招募運動，包含由公共資金補助的訓練方案，並改善幼兒教育與保育工作的形象，以吸引有專業技能的優秀人材進入幼兒教育與保育領域。

❑ 在美國透過不同的方案來提供在職進修，如：「指導方案」（mentoring programmes）中，有經驗的老師有機會擔任指導員，分享他們的專業技能及專業成長，他們（指導員）能因此獲得補助，對於新手老師而言，則這樣的指導方案能支持他們克服初任教學時的困難。「TEACH幼教方案」提供在職幼教老師獎助金，贊助在職老師參加進修課程。

❏ 各種教師聯盟與專業協會在很多國家扮演著改善幼教工作條件的角色。例如：在荷蘭，透過私立機構的集體勞工協議，以確保幼教工作的最低薪資及工作條件。美國 NAEYC 則提供專業人員的進修與幼教機構的專業認證。

拾、系統間的分與合

各國幼兒教育與保育制度與政策有以下兩大趨勢：

（一）各個國家可能有分開或統一的主管機構

幼兒教育與保育政策通常分為教育與保育系統。教保系統分流的國家通常以幼兒的年齡為依據：3 歲以上幼兒大多進入學前教育機構，與小學教育一樣屬於教育系統；3 歲以下幼兒則屬於保育系統，屬於社會福利或是健康部門管轄。

表 12-3 各國幼兒教育與保育主管機構一覽表

國家	保育系統與教育系統
英國	合（歸教育） 英國政府整合了保育與教育，並由教育就業部管轄英格蘭的幼教
美國	分 因公私立系統而有不同主管機制
澳洲	分 家庭與社區服務局主管保育系統 教育、訓練及青少年事務局主管教育系統

（續）

國家	保育系統與教育系統
丹麥	合 歸社會福利系統的社會部主管，但 6 歲幼兒的教育與社會福利部門的責任重疊
芬蘭	整合成「教保」（educare） 歸社會福利系統的社會事務與健康部主管，但 6 歲幼兒的教育與社會福利部門的責任重疊
挪威	合 歸兒童與家庭事務部負責
瑞典	合 歸教育系統的教育科學部負責
比利時	分 教育部負責教育系統 Kind en Gezin 負責保育系統及課後托育
捷克	分 青年與運動部主管教育系統 健康部管理保育系統 內政部主管醫療保育
葡萄牙	分 教育部主管教育系統 勞工團結部主管保育系統
荷蘭	分 教育文化與科學部主管 4 歲以上的教育系統 健康福利與運動部主管 4 歲以下的保育系統

　　在澳洲、葡萄牙及美國，教育、社會福利及健康部門在學齡前 2-3 年的教育與保育系統的管轄責任上，出現重疊或平行的現象。當教育系統與保育系統分流時，儘管目標及服務對象有所重疊，但規定不同，可能產生不平等或

是系統間缺乏一致性的問題。例如：教育系統多為免費，但無法提供全天的服務，而保育系統可能在工作人員素質上較教育系統差。

當由一個部門主要負責幼兒教育與保育政策時，可增進政策、社會及教育目標的一致性，與系統間的銜接性。丹麥、芬蘭、挪威及瑞典發展了1-6歲的混齡服務，幼兒能在進入小學前，待在同一團體中，教育與保育同時被重視及執行。丹麥、芬蘭、挪威、瑞典雖傾向整合教育與保育，但不希望將幼兒教育與保育機構同化成學校模式，幼兒教育與保育機構應該是與家長共同為幼兒的發展與福祉努力，並尊重獨立與自主。

然而，達到幼兒教育與保育品質的一致性並不一定得由一個單一部門主管所有幼兒教育與保育事務，丹麥透過跨部門兒童事務委員會的建立，來整合15個與兒童與家庭事務相關之部門業務；葡萄牙也設立跨部會單位來負責學前教育的擴展。

（二）幼兒教育與保育系統間的協調及其與小學系統間的銜接

在第一點已提及不論各國幼教與保育系統是分流或整合，如何協調系統以使系統間產生一致，是幼兒能順利銜接到下一個系統重要的措施。同樣地，當幼兒要從幼兒教育與保育系統進入正式的小學教育時，也需要進行銜接的工作。除了挪威以外，其餘10個國家都有學校型式的幼兒教育與保育機構能提供銜接至正式教育。在荷蘭設有基

礎學校（basisschool）；在比利時、捷克、葡萄牙教育系統專門負責 3 歲以上幼兒及兒童的教育；瑞典則是 11 國之內唯一整合幼教與義務教育的國家，由教育部統一管轄。

爲了銜接幼兒教育與保育系統與小學系統，目前似乎偏向由教育部統一管轄兩大系統，其優點在於能加強幼小系統間人員的合作，促進幼小課程間的延續性。例如：瑞典將幼兒教育與保育的所有機構整合成爲終生學習的第一階段，建立幼兒時期與其他教育階段之關係。然而，這樣整合幼兒教育與保育於小學的教育系統中可能造成幼教服務將與幼兒福利、健康及其他幼兒相關領域分離。另外一點令人擔心的是，義務教育中較正式的教學方法可能會對於幼兒教育與保育原本強調創造力、自主及有彈性的學習方法造成影響。

由以上可知，系統間不論分或合都有其優點及限制，透過跨年齡層（0-3 歲、3-6 歲、小學）及跨領域（幼教、保育、小學、課外保育）系統的協調與人員的合作，發展出有效的方案，可促使幼兒 0 歲至小學的經驗產生連結。

拾壹、課程

大多數歐洲國家都有全國性的幼教課程或是架構，如：比利時、捷克、葡萄牙及英國訂有針對二歲半或 3 歲以上的全國性幼教課程架構；芬蘭、挪威及瑞典的架構規範了所有學齡前教育，澳洲及美國則由各州或領地訂定課

程準則。比利時、瑞典、芬蘭及澳洲部分省及領地更是透過課程架構來促進幼教與小學教育之銜接。

本書所介紹的 11 個國家的國定課程或架構都具有類似的教育目標：幼兒發展、自主、責任、福利、自信、市民責任及為未來學習或生活作準備。部分國家會提及幼小銜接或是親師合作。

有些國家的國定課程或架構（如：英國）列出幼兒應學習的學科或是領域（如：書寫、數學、藝術、科學、體育等）；僅有丹麥、瑞典、捷克的課程架構不明訂任何學科領域，比利時、英國及美國同時也會條列出幼兒在學齡前應培養的認知技能及各學科的先備知識。芬蘭及挪威的課程同時包含了價值教育，瑞典與捷克則會強調市民責任及民主精神。

拾貳、家庭型態轉變

未婚生子情形（如：英國）、高分居／離婚率及同居型態（如北歐國家）使得家庭型態轉變，現在有越來越多的幼兒在單親家庭中成長，家長（通常為母親）需同時扮演撫養子女與負擔家計兩種角色的比例也逐漸提高，金錢及時間壓力是單親家庭所面對的育兒挑戰。因此，家長負擔得起的學費、更均等的受教機會、可配合家長工作時間的彈性保育時間，都是政府與幼兒教育與保育機構在面臨家庭型態轉變後，為了支持家長所需努力的方向。

拾參、女性就業

　　無論是因為男女平權使得女性的教育水準提高並追求
經濟自主，或是社會經濟需要而有更多女性勞工加入就業
市場，女性就業率的升高是各國經濟發展的趨勢。多數國
家都以擴展幼兒教育與保育服務及延長開放時間，以因應
持續增加的幼兒教育與保育需求。此外，部分國家中有許
多需要工作的單親媽媽多需依賴社會福利（如：澳洲、荷
蘭、英國），但社會憂心單親媽媽過份依賴社會福利的現
狀，而將政策修正成有期限的補助。

　　在許多國家，婦女多從事兼職工作，以能兼顧其育兒
之責任，這反映出社會的價值觀仍舊認為幼兒的福祉是家
長的責任，而照顧子女主要由婦女負責。

拾肆、育嬰假政策

　　在許多國家，產假及育嬰假被視為是達到兩性平權的
重要政策，除了澳洲及美國之外，其餘國家都有保障工作
或是薪資補助的法定育嬰假，且雙親皆適用。

　　各國的產假及育嬰假在假期長短、符合資格、制度彈
性及補助程度上都有差異。歐洲各國（丹麥、芬蘭、挪
威、瑞典）受到歐盟在 1992 年規定 14 週的產假／育嬰假
所規範，1998 年更通過為期三個月的育嬰假，並給予工
作保障。比利時、丹麥、挪威、葡萄牙及瑞典的父親有權
享有薪資補貼的父親育嬰假。因為擔憂家庭收入會減少、

職業生涯可能中斷或是失去工作機會等因素，父親通常較少使用育嬰假，大多數的產假及育嬰假使用者仍屬女性居多。但是 1998 年挪威推動為時 4 週，名為「父親配額」（father quota）的育嬰假之後，男性使用率高達 78％，由此我們可以發現，藉由政策制訂的支持，可以鼓勵男性擔任照顧幼兒的責任，並進而改變傳統性別之刻板印象。

正如前述，雙親皆可使用的育嬰假及產假的正面意義在於推動兩性平權，然而社會普遍存在的觀念認為婦女是幼兒主要照顧者，這樣的政策（育嬰假）反而對於女性的職業生涯產生負面效應。有些國家對於家長另有金額不高的之育兒假津貼（如：捷克、丹麥、芬蘭、挪威），提供補助反而造成那些教育程度低而不易找到工作的母親僅依賴育兒補助，而不再外出工作維持生計，減損國家美意。同時，在領取育兒補助的情形之下，幼兒將不得進入公立幼兒教育與保育機構接受教育，此政策的副作用是使得幼兒進入公立幼兒教育與保育機構的公平機會大打折扣，尤其是依賴育兒補助的低收入或是弱勢不利的家庭。

《參考書目》

邱志鵬（民85）。「追求高品質的幼兒教育」之評論。教改通訊，
　　第十九期，13-15頁。

蘇永明（民90）。英國幼兒教育的課程與教學。「幼教課程與教學
　　相關議題系列演講」。台北：國立政治大學。

謝美慧（民85）。中英幼兒教育義務化發展比較研究。國立暨南國
　　際大學比較教育研究所碩士論文。

OECD. (2000). Early Childhood Education and Care Policy in Austra-
　　lia-Background Report.

OECD. (2000). Early Childhood Education and Care Policy in Austra-
　　lia-Country Note..

OECD. (2000). Early Childhood Education and Care Policy in Belgium
　　(Flanders) -Background Report.

OECD. (2000). Early Childhood Education and Care Policy in Belgium
　　(Flanders) -Country Note..

OECD. (2000). Early Childhood Education and Care Policy in Czech
　　Republic-Background Report.

OECD. (2000). Early Childhood Education and Care Policy in Czech
　　Republic -Country Note..

OECD. (2000). Early Childhood Education and Care Policy in Den-
　　mark-Background Report.

OECD. (2000). Early Childhood Education and Care Policy in Den-
　　mark-Country Note..

OECD. (2000). Early Childhood Education and Care Policy in Finland-
　　Background Report.

OECD. (2000). Early Childhood Education and Care Policy in Finland-Country Note..

OECD. (1999). Early Childhood Education and Care Policy in Netherlands-Background Report.

OECD. (1999). Early Childhood Education and Care Policy in Netherlands -Country Note..

OECD. (1999). Early Childhood Education and Care Policy in Norway-Background Report.

OECD. (1999). Early Childhood Education and Care Policy in Norway-Country Note..

OECD. (2000). Early Childhood Education and Care Policy in Portugal-Background Report.

OECD. (2000). Early Childhood Education and Care Policy in Portugal -Country Note..

OECD. (2000). Early Childhood Education and Care Policy in Sweden-Background Report.

OECD. (2000). Early Childhood Education and Care Policy in Sweden-Country Note..

OECD. (2000). Early Childhood Education and Care Policy in the United Kingdom- Country Note.

OECD. (2000). Early Childhood Education and Care Policy in the United Kingdom- Background Report.

OECD. (2000). Early Childhood Education and Care Policy in the United States-Country Note.

OECD. (2000). Early Childhood Education and Care Policy in the United States -Background Report.

OECD (2001). Starting Strong: Early childhood education and care.

Olmstead, P. P. (1996). A comparative study of early childhood program in 15 countries. The IEA preprimary Project. Ypsilanti, MI: High/Scope Educational Research Foundation.

Olmstead, P. P. & Weikart, D.P. (EDs.) (1996). Families speak: Early childhood care and education in 11 countries. Ypsilanti, MI: High/Scope Press.

Organization for Economic Co-operation and Development (OECD) available online.

http:// www.oecd.org

幼兒教育 68

幼兒教育與保育之行政與政策：歐美澳篇

作　　　者：簡楚瑛
執行編輯：劉依婷
總　編　輯：吳道愉
發　行　人：邱維城
出　版　者：心理出版社股份有限公司
社　　　址：台北市和平東路二段 163 號 4 樓
總　　　機：(02) 27069505
傳　　　真：(02) 23254014
郵　　　撥：19293172
　E-mail：psychoco@ms15.hinet.net
網　　　址：www.psy.com.tw
駐美代表：Lisa Wu
　　　　Tel：973 546-5845　　Fax：973 546-7651
登 記 證：局版北市業字第 1372 號
印　刷　者：卡樂彩色製版印刷有限公司
初版一刷：2003 年 8 月

定價：新台幣 320 元
ISBN 957-702-618-4

國家圖書館出版品預行編目資料

幼兒教育與保育之行政與政策　歐美澳篇 / 簡楚瑛著.
　— 初版.— 臺北市：心理，　2003（民92）
　　　面；　　公分.—（幼兒教育；68）
參考書目：面
　ISBN 957-702-618-4（平裝）

　1.學前教育—歐洲　　　2.學前教育—美國
　3.學前教育—澳大利亞

　523.29　　　　　　　　　　　　92014800